价格与收费管理研究

孙汉峰◎著

中国出版集团 现代出版社

图书在版编目（CIP）数据

价格与收费管理研究 / 孙汉峰著. －－ 北京：现代出版社，2023.5

ISBN 978－7－5231－0311－1

Ⅰ. ①价… Ⅱ. ①孙… Ⅲ. ①物价管理－研究 Ⅳ. ①F714.1

中国国家版本馆 CIP 数据核字（2023）第 081456 号

价格与收费管理研究

作　　者	孙汉峰
责任编辑	袁　涛
出版发行	现代出版社
地　　址	北京安定门外安华里 504 号
邮政编码	100011
电　　话	010—64267325　010—64245264（兼传真）
网　　址	www.1980xd.com
印　　刷	北京荣泰印刷有限公司
开　　本	710 毫米×1000 毫米　1/16
印　　张	15.5
字　　数	188 千字
版　　次	2023 年 5 月第 1 版　2023 年 5 月第 1 次印刷
书　　号	ISBN 978－7－5231－0311－1
定　　价	68.00 元

前言

QIANYAN

价格和收费问题，涉及经济和社会方方面面，与国计民生息息相关，备受社会各界关注。依法行政，让价格和收费问题公开化、透明化，既是对行政部门的要求，也是当下的现实需要。价格和收费涉及的领域广泛，相关法律法规、政策、标准复杂多变，这就要求从业人员必须系统地掌握与之有关的所有政策法规，厘清管理工作思路。为规范价格和收费管理行为，便于定调价相关单位、执收单位、缴费单位及个人，全面了解和掌握国家有关价格、收费方针政策及有关法律、法规、规章制度，提高价格和收费管理从业人员服务意识和管理水平，增强政府价格与收费工作透明度，笔者以30年工作经验为基础，编撰本书。希望为加强价格和收费管理、优化经济环境，尽一份绵薄之力。

本书从价格管理、收费管理、成本监审三个方面，阐述政府定价目录内各项价格和收费的现行国家政策、重要价费项目定调价方法、程序和关键要点；列编了《山东省行政事业性收费标准目录清单（省市县）》《山东省政府定价的经营服务性收费目录清单（省市县）》；收录了部分价格和收费方面的法律、法规和行政规章。

本书可作为价格和收费管理部门工作参考用书，可供相关定调价单位、缴费单位和个人查看和参考。

由于时间仓促，水平有限，尽管力求做到政策性与实用性相结合、尽善尽美，书中疏漏之处仍在所难免，敬请读者批评指正。

孙汉峰

2023 年 2 月 16 日

目录

Contents

价格管理篇

收费管理篇

成本监审篇

附 录

价格管理篇

我国实行宏观经济调控下主要由市场形成价格的机制。价格的制定应当符合价值规律。当前我国大多数商品和服务价格实行市场调节价，少数商品和服务价格实行政府指导价或政府定价。其中，市场调节价，是指由经营者自主制定，通过市场竞争形成的价格；政府指导价，是指依照《中华人民共和国价格法》规定，由政府价格主管部门或者其他有关部门，按照定价权限和范围规定基准价及其浮动幅度，指导经营者制定的价格；政府定价，是指依照《中华人民共和国价格法》规定，由政府价格主管部门或者其他有关部门，按照定价权限和范围制定的价格。

第一章 水价管理

邹平市地处鲁中山区北部边缘，黄河下游南岸。地理坐标为东经117°18′~117°57′、北纬36°42′~37°09′。全市辖11个镇、5个街道办事处、858个行政村、1个国家级经济技术开发区，总面积1251.75平方千米。截至2020年年底，总人口81.65万人。邹平市境内地势南高北低，西高东低。南部长白山以摩诃顶为最高，海拔826.8米，北部平原以小清河与杏花河的夹角处地势为最低，海拔11.2米。以杏花河为界，南部低山丘陵与杏花河的夹角地带为山前倾斜平原，北部及西北部小清河、黄河之间的地带为黄泛平源。杏花河一线，为两平原的交接洼地。受自然地理环境、太阳辐射和季风影响，邹平市属东亚暖温带大陆性季风气候区，四季分明，气候温和；常年平均降水量613.4毫米，平均气温13.8℃。境内主要包括黄河、小清河、杏花河和孝妇河四大河流，其中，小清河流经长度46.50千米，黄河流经长度22.00千米。

邹平市水资源包括当地地表水资源（主要包括塘堰和小型水库等蓄水工程蓄水）、地下水资源、黄河水资源、小清河水资源以及来源于南水北调工程的长江水资源。其中，地表水资源量9925.3万立方米，地下水资源量13137.8万立方米，黄河水资源量1.04亿立方米（上级部门配给的引黄控制指标），小清河水资源量8749万立方米，引江水资源量9850万立方米（上级部门配给的引江指标）。

目前，邹平市工业企业规模增长快，水资源严重不足。受黄河水分配水量指标限制，城区工业及生活用水多年依赖于地下水水源地，致使采补失衡，形成地下漏斗区。地表水拦蓄工程以山区小型塘堰、水库为主，因拦蓄能力不足，地表水利用率较低。南水北调续建配套一期工程建成后，形成当地地表水、地下水、黄河水、长江水、非常规水等多水源联合供水格局，水价管理势必需要实行区域综合水价，以低价水平抑高价水。

城镇供水实行分类水价，根据使用性质分为居民生活用水、非居民用水、特种用水三类。按照供水管网、管理模式、用途不同分为城区自来水价格、农村自来水价格、农业综合水价、区域综合水价等。经过几年的实践，笔者总结水价改革要点如下。

一、加大城镇居民阶梯水价改革力度。在保障居民基本生活用水需求基础上，建立健全激励提升供水质量的价格形成和动态调整机制。2025 年年底前，根据城镇居民阶梯水价执行情况和当地经济社会发展实际，进一步调整城镇居民各阶梯水量、水价，保持居民用水第一阶梯价格稳定，适度拉大分档级差，基本水价按不低于 1∶2∶4 比例核定。

二、全面推行非居民用水超定额（计划）累进加价制度。严格核定下达用水计划，提高加价标准。公共管网用水单位超定额（计划）用水的，除据实缴纳水费外，还应缴纳超定额（计划）加价水费。超定额（计划）的数量 10%（含）以下的部分，按照水价的 1 倍缴纳；超定额（计划）的数量 10% ~30%（含）按照水价的 2 倍缴纳；超定额（计划）的数量 30% 以上的部分，按照水价的 3 倍缴纳。

三、对“两高”（高耗能、高污染）行业，实行严厉的加价政策。2023 年年底前，炼化、焦化等“两高”行业超过单位产品（产值）能源消耗限额标准或污染物排放标准的用水单位，超定额（计划）加价标准较一般用户再增加 1 倍。对特种用水行业用水超定额（计划）加价标准较一般用户再增加2倍以上，具体由各市、县（市、区）结合本地水资源稀缺程度确定。

四、完善差别化水价政策。2023年年底前，将差别化水价加价行业范围扩大到所有淘汰类、限制类和“亩产效益”评价D类企业，用水价格按高于定额（计划）水价3倍标准核定，建立差别化水价纳入和退出机制，促进工业节水减排。

五、建立城乡用水节约奖励制度。实行超定额（计划）用水累进加价和差别化水价形成的收入主要用于开展节约用水工作，可提取其中的20%～30%，用于奖励节水成效突出的企业，借以促进企业节水技术改造及节水技术工艺推广。

六、完善公共管网供水定价管理。推进农村自来水建设，并将其纳入城市管网延伸工程。“千吨万人”以上工程供水，由人民政府核定价格；不足“千吨万人”的联村供水工程，可实行政府定价或协商定价；农村居民自筹自建、单村供水工程的供水价格，由村民与供水方协商确定。

第一节　城镇供水价格管理

城镇供水价格，是指城镇公共供水企业（以下称“供水企业”）通过一定的工程设施，将地表水、地下水进行必要的净化、消毒处理、输送，使水质水压符合国家规定的标准后供给用户使用的水价格。

城镇供水（自来水）实行分类水价，根据使用性质分为居民生活用水、非居民用水、特种用水三类。按照《山东省定价听证目录》规定，制定或者调整城镇居民生活用水价格，应当召开听证会，组织听证，未经听证的，定价无效。非居民用水、特种用水价格可随居民生活用水价格同时制定。城区自来水综合水价内包含基本水价、污水处理费和水资源税。

一、制定（调整）城镇供水价格的政策依据

制定（调整）城镇供水价格的政策依据包括《中华人民共和国价格法》、《政府制定价格行为规则》（国家发改委令第 7 号）、《政府制定价格听证办法》（国家发改委令第 21 号）、《山东省重大行政决策程序规定》、《政府制定价格成本监审办法》（国家发改委令第 8 号）、《城镇供水定价成本监审办法》（国家发改委、住建部令第 45 号）、《山东省定价听证目录》（鲁发改价格〔2021〕355 号）、《山东省城镇供水价格管理实施办法》《滨州市城镇供水价格管理实施细则》、《关于加快建立完善城镇居民用水阶梯价格制度的指导意见》（发改价格〔2013〕2676 号）、《关于印发〈关于积极推进水价改革的指导意见〉的通知》（鲁价格发〔2011〕183 号）、《山东省城镇居民二次供水管理规定》（鲁建城建字〔2022〕12 号）、《山东省发展和改革委员会关于“十四五”时期深化价格机制改革实施方案的通知》（鲁发改价格〔2021〕682 号）、《滨州市关于深化水价改革促进水资源节约集约利用实施方案》的通知（滨发改价格〔2022〕139 号）等。

二、制定（调整）城镇供水价格的详细程序和文书

城镇居民生活用水已列入《山东省定价听证目录》（鲁发改价格〔2021〕355 号）。

制定或者调整城镇居民生活用水价格，应当按次序履行价格调查、成本监审、听取社会意见、专家论证、风险评估、价格听证、合法性审查、集体审议、作出制定价格的决定等程序。

制定或者调整城镇自来水价格，关键在成本监审、合理测算调价方案、程序合法。完整的步骤及文书如下：

（一）申请。城镇供水主管部门报送制定（调整）供水价格的申请（以正式文件形式）。

（二）决策启动。按照规定进行研究论证后，报请市政府决定是否启动决策程序（论证拟解决的主要问题、建议理由和依据、解决问题的初步方案及其必要性、可行性等）。

（三）价格调查。对城镇供水价格情况进行社会调查，并调查相邻市、县、区自来水价格情况，形成调查报告。

（四）成本监审。按照城镇供水定价成本监审相关政策规定，对定调价年度之前三年的城镇自来水供水成本进行监审，并形成《成本监审报告》。

（根据工作需要，可通过政府购买服务等方式，委托或聘请专业机构参与成本监审工作。以政府购买服务等方式委托或聘请的，须签订合同，明确工作内容及相关责任）

注：核定供水量时要注意自用水率和漏损率是否超标，若超标则按照规定标准计算。供水企业自用水率原则上据实核定，但应当在上限标准范围之内。各地上限标准应当在水厂设计水量的5%～10%范围内，根据《室外给水设计标准》（GB50013）有关规定，区分原水水质、处理工艺和构筑物类型等因素确定。漏损率原则上按照《城镇供水管网漏损控制及评定标准》（CJJ92）确定的一级评定标准计算，漏损率高于一级评定标准的，超出部分不得计入成本。

（五）测算并拟制订（调整）价格方案。

1. 基本数据。根据成本监审数据，计算需用数据：核定供水量、实际供水量、设计供水量、居民生活用水量、非居民用水量、有效资产、准许收益率、准许收益、税金等。

2. 数据测算。

准许收入＝准许成本＋准许收益＋税金

准许收益＝有效资产×准许收益率

准许收益率＝权益资本收益率×（1－资产负债率）＋债务资本收益率×资产负债率

税金＝所得税＋城市维护建设税＋教育费附加

当实际供水量不低于设计供水量的65%时：

供水企业平均供水价格＝准许收入÷核定供水量；

当实际供水量低于设计供水量的65%时：

供水企业平均供水价格＝准许收入÷｛核定供水量÷［（实际供水量÷（设计供水量×65%）］｝。核定供水量＝取水量×（1－自用水率）×（1－漏损率）

根据供水企业平均供水价格、周边市县区居民用水价格等情况，按照居民生活用水保本微利、其他用水合理盈利的原则，拟订本次制定（调整）的合理的目标居民用水价格方案，并据此测算出相应的非居民用水、特种用水价格。

非居民用水价格＝（准许收入－目标居民用水价格×居民生活用水量）÷非居民用水量

根据以上测算，拟订基本水价调价方案（草案），并根据当地居民生活用水量情况，按照级差按不低于1:1.5:3的比例测算居民用水阶梯价格方案；也可适度拉大分档级差，基本水价按不低于1:2:4比例核定。（一般定调价方案拟订两个）

3. 拟制订价格的方案。定价方案应当包括下列内容：（1）拟制定价格水平或者定价机制的具体项目；（2）现行价格和拟制定的价格水平，单位调价额和调价幅度；（3）拟制定的定价机制主要内容、适用条件，拟制定价格水平或者定价机制的依据和理由；（4）拟制定价格水平或者定价机制对经济、社会影响的分析；（5）其他与制定价格水平或者定价机制有关的资料。

（六）听取社会意见或专家论证，并进行风险评估。

通过网上公示、发放征求意见书等形式听取社会意见（公示时间一般不得少于30日）。

制定专业性、技术性较强的商品和服务价格时，定价机关应当进行专家论证。通过公开邀请等方式遴选5名以上相关领域具有权威性、代表性的专家参与论证。对涉及面较广、争议较大或者内容特别复杂、敏感的决策事项，参与论证的专家一般不少于7人。专家论证可以采取论证会、书面咨询、委托咨询论证等方式

专家论证和风险评估的内容、程序及形成的报告内容遵照《滨州市重大行政决策程序规定》执行。

编写专家论证报告和风险评估报告。专家组编写的专家论证报告须经所有专家签名。风险评估内容围绕重大决策实施可能引发的社会稳定风险，主要从合法性、合理性、可行性、可控性四方面进行评估。

及时到同级稳评主管部门提交重大决策社会稳定风险评估情况备案申请表，申请备案，经审核无误后予以备案，并领取重大决策社会稳定风险评估事项备案证明。

（七）召开听证会。

听证会由听证人（不少于3人）和听证参加人组成，消费者人数不得少于听证会参加人总数的五分之二。听证会设记录员和旁听席。（《政府制定价格听证办法》）

1. 听证会举行30日前，通过政府网站、新闻媒体等向社会公告听证会事项：听证事项、时间、参加人、旁听人员、新闻媒体的名额、产生方式及具体报名办法。

2. 听证会举行15日前，应当通过政府网站、新闻媒体向社会公告以下事项：听证会举行的时间、地点；定价方案；与制定价格有关的成本监审或者成本调查的办法和结论；听证人、听证会

参加人、旁听人员名单，包括姓名、职业。

3. 听证会举行 15 日前，应当向听证会参加人送达下列材料：

（1）听证会通知；

（2）定价方案；

（3）与制定价格有关的成本监审或者成本调查报告；

（4）听证会议程；

（5）听证会纪律。

4. 听证会应当在有三分之二以上听证会参加人出席且消费者人数不少于实际出席人数五分之二时举行；出席人数不足或者消费者人数不足的，听证会应当延期举行。

5. 听证会按照下列议程进行：

（1）主持人宣布听证事项和听证会纪律，介绍听证会参加人、听证人；

（2）定价方案提出人陈述定价方案；

（3）定价成本监审人或者成本调查人介绍定价成本监审、成本调查的办法、结论及相关情况；

（4）听证会参加人对定价方案发表意见，进行询问，被询问人应当进行必要的解释说明；

（5）必要时，主持人可以组织听证会参加人围绕主要分歧点进行补充陈述；

（6）主持人总结发言。

6. 听证会参加人应当审阅涉及本人的听证笔录并签字。

7. 听证会举行后，听证人应当根据听证笔录制作听证报告。听证报告包括下列内容：

（1）听证会的基本情况；

（2）听证会参加人对定价方案的意见；

（3）听证人对听证会参加人意见的处理建议，包括对听证会参加人主要意见采纳与不采纳的建议和理由说明；

（4）其他有关情况，听证人之间对听证会参加人意见的处理建议存在分歧的，应当在听证报告中列明相关听证人的不同意见。

8. 根据听证会的意见，对定价方案作出修改后，如有必要，可以再次举行听证会，或者采取其他方式征求社会意见。

注：制定在局部地区执行的价格或者降低价格的，听证会可以采取下列简易程序：（1）只设主持人；（2）听证会参加人由消费者、经营者构成；（3）听证会按照《政府制定价格听证办法》第二十四条第（一）（四）（六）项规定的议程进行。

采取简易程序时，公告时限和材料送达时限可以适当缩短。

（八）形成制订（调整）价格的方案。方案应当载明以下内容：

1. 现行价格和拟制定的价格、单位调价幅度；

2. 制定价格的依据和理由；

3. 制定价格对相关行业和消费者的影响；

4. 成本监审报告或者成本调查报告；

5. 经营者、消费者或其代表，以及有关方面的主要意见及采纳情况；

6. 经过听证的，附听证报告；

7. 经过专家论证的，附专家论证意见及采纳情况；

8. 经过风险评估的，附风险评估意见；

9. 价格的执行时间、期限和范围。

（九）集体审议。集体审议须形成书面材料。

（十）合法性审查。履行公众参与、专家论证、风险评估等法定程序后，由本单位法制机构进行合法性初审，并经本单位办公会议讨论通过后，将决策事项草案及相关材料送请同级司法行政部门进行合法性审查。提交司法行政部门合法性审查的材料包括：

1. 送审申请书；

2. 决策事项草案；

3. 决策事项草案说明（包括背景资料、必要性、可行性、起草过程、备选方案以及省内其他市类似情形的做法）；

4. 法律、法规、规章和政策依据目录及文本；

5. 部门会签意见、公众参与、专家论证、风险评估、公平竞争审查和贸易政策合规审查有关书面材料；

6. 合法性初审意见书；

7. 进行合法性审查需要的其他材料。

司法行政部门完成合法性审查工作后，应当出具合法性审查意见书。

（十一）上报制订价格方案。向本级人民政府或者上级定价机关上报定价方案并提交听证报告、合法性审查意见书，经批准后作出定价决定。

（十二）作出制定价格的决定。制定价格的决定应当载明以下内容：

1. 制定价格的项目、制定的价格；

2. 制定价格的依据；

3. 价格的执行时间和范围；

4. 作出决定的定价机关名称和作出决定的日期。

制定价格的决定原则上应当由定价机关制发。授权市、县人民政府制定价格的，经市、县人民政府批准，可以由价格主管部门或者有关部门制发并抄报市、县人民政府。

（十三）公布制定价格决定。定价机关作出定价决定后，应当通过政府网站、新闻媒体向社会公布定价决定和对听证会参加人主要意见的采纳情况及理由。

（十四）存档。定价机关应当按照档案管理制度建立制定价格的卷宗并存档。卷宗应当实行“一价一卷宗”。

（十五）后评估。制定价格的决定实施后，定价机关应当对决定的执行情况进行跟踪调查和监测，并适时进行后评估。后评估的内容包括：

1. 价格的执行情况，执行中存在的问题及原因；

2. 经营者经营状况、成本、劳动生产率和市场供求变化对价格的影响；

3. 相关商品和服务市场供求状况和价格的变化情况；

4. 社会各方面对所制定价格的意见；

5. 制定的价格对经济社会发展和消费者、经营者的影响；

6. 其他有关情况。

三、各类用水具体范围的划分

（一）居民生活用水。主要指城镇居民住宅家庭的日常生活用水。

（二）非居民用水。主要指工业、经营服务用水和行政事业单位用水、市政用水（环卫、绿化）、生态用水、消防用水等。

学校教学和学生生活用水、养老机构和残疾人托养机构等社会福利场所生活用水、宗教场所生活用水、社区组织工作用房和居民公益性服务设施用水等，按照居民生活类用水价格执行。

（三）特种用水。主要包括洗浴、洗车、以自来水为原料的纯净水生产、高尔夫球场用水等。

例：邹平市城区自来水价格及有关事项文件

邹平市发展和改革局
关于邹平市城区自来水价格及有关事项的通知

（邹发改价格〔2020〕30号）

邹平市自来水公司：

为积极推进我市水价改革，保护和合理利用水资源，落实水资源管理制度，提高水资源利用效率，促进节约用水和水利事业健康发展，根据国家、省、市有关文件精神，按照有关法律法规和政策规定，经过公开听证，报经市政府批准，于2018年1月1日调整了我市城区自来水价格，并实行城区居民生活用水阶梯价格制度。依据《山东省水资源税改革试点实施办法》规定，现将我市城区自来水价格及有关事项重新公布如下：

一、用水分类

用水分类为居民生活用水、非居民用水、特种用水三类。

二、居民用水价格及阶梯水价规定

（一）阶梯水量及价格

居民用户按年度用水量计算，将居民家庭全年用水量划分为三档，水价逐档递增，按档计收。用水量在周期之间不累计、不结转。

第一阶梯：用水量不超过144（含）立方米，到户综合水价为每立方米3.95元（基本水价2.30元、污水处理费0.85元、水资源税0.80元）；

第二阶梯：用水量144~216（含）立方米，到户综合水价为每立方米5.10元（基本水价3.45元、污水处理费0.85元、水资源税0.80元）；

第三阶梯：用水量为216立方米以上，到户综合水价为每立方米8.55元（基本水价6.90元、污水处理费0.85元、水资源税0.80元）。

（二）阶梯水价实施范围及相关规定

阶梯水价实施范围为邹平市城区所有实行一户一表计量用水的居民用户。原则上以住宅为单位，一个房产证明对应的住宅为一户；没有房产证明的，以供水企业为居民用户安装的水表为单位。

每户按4口人（含）计。超过4人的，每增加1人，年用水量基数相应增加36立方米。每户人口数由供水企业根据用户提供的居民户口簿或居委会提供的实际居住证明认定。

三、非居民用水价格

非居民用水到户综合水价为每立方米4.75元（基本水价2.75元，污水处理费1.20元，水资源税0.80元）。

实施范围：市自来水公司管网供水范围内的非居民用水户。

四、特种用水价格

特种用水到户综合水价每立方米8.00元（基本水价6.00元，污水处理费1.20元，水资源税0.80元）。

实施范围：市自来水公司管网供水范围内的特种用水户。

五、相关配套政策

（一）为缓解水价调整后对困难居民家庭带来的影响，对民政部门认定的城市低保家庭实行居民生活用水优惠政策，即每户年用水量在144立方米及以下的，综合水价执行每立方米3.63元（基本水价为成本价），超出144立方米的，按照普通居民用户阶梯水价政策执行。

（二）执行居民生活用水价格的非居民用户［包括学校、托幼园所、社会福利机构、宗教活动场所、城乡社区居（村）民委员会服务设施中非经营部分用户等]，不执行阶梯水价，水价在第一阶梯水价基础上每立方米提高0.15元，即每立方米4.10元。

（三）对尚未实施“一户一表”改造的合表居民用户（以下简称“合表用户”），暂不实行阶梯水价，按照第一阶梯综合水价每立方米3.95元执行。阶梯水价实施一年后，对由于居民自身原因仍未实现“一户一表”改造的合表用户，供水价格在第一阶梯综合水价基础上每立方米提高0.15元。

（四）推进居民小区二次供水设施统一建设、维护和管理。加快居民小区二次供水设施的改造移交进度，供水企业要加强二次供水设施的运行和管理，保障供水安全。供水价格调整后，居民小区二次供水设施已移交供水企业的，由供水企业承担二次供水运行费用；尚未移交的，二次供水加压用电独立计量且电表过户给供水企业，二次供水加压电费由供水企业承担。

六、执行时间

本通知自2020年11月1日起执行，有效期至2022年12月31日。邹价发〔2017〕58号文件同时废止。

附件：邹平市城区自来水价格表

邹平市发展和改革局

2020年10月28日

附件：

邹平市城区自来水价格表

单位：元/立方米

<table>
<tr><th rowspan="2">供水类型</th><th rowspan="2" colspan="2">阶梯分类</th><th rowspan="2">户年用水量（立方米）</th><th rowspan="2">到户综合水价</th><th colspan="3">其中</th></tr>
<tr><th>基本水价</th><th>污水处理费</th><th>水资源税</th></tr>
<tr><td rowspan="5">居民生活用水</td><td rowspan="3">一户一表用户</td><td>第一阶梯</td><td>0～144（含）</td><td>3.95</td><td>2.30</td><td rowspan="5">0.85</td><td rowspan="5">0.80</td></tr>
<tr><td>第二阶梯</td><td>144～216（含）</td><td>5.10</td><td>3.45</td></tr>
<tr><td>第三阶梯</td><td>216 以上</td><td>8.55</td><td>6.90</td></tr>
<tr><td colspan="3">合表用户</td><td>4.10</td><td>2.45</td></tr>
<tr><td colspan="3">执行居民用水价格的非居民用户</td><td>4.10</td><td>2.45</td></tr>
<tr><td>非居民用水</td><td colspan="3"></td><td>4.75</td><td>2.75</td><td rowspan="2">1.20</td><td rowspan="2">0.80</td></tr>
<tr><td>特种用水</td><td colspan="3"></td><td>8.00</td><td>6.00</td></tr>
<tr><td>备　注</td><td colspan="7">一、执行居民用水价格的范围：1. 居民住宅生活用水；2. 执行居民用水价格的非居民用户，包括学校、托幼园所、社会福利机构、宗教活动场所、城乡社区居（村）民委员会服务设施中非经营部分用户
二、执行非居民用水价格的范围：1. 行政机关、事业单位、社会团体、部队、医院。2. 工业、交通业、园林、绿化、环卫用水。3. 商业、通信、金融保险、证券、中介服务用水。4. 普通洗浴、美容美发、餐饮、娱乐、宾馆、饭店、旅馆、招待所、培训中心、营业性写字楼。5. 建筑业用水、游泳池用水。6. 其他非居民用水
三、执行特种用水价格的范围：1. 纯净水加工业用水；2. 洗车业用水；3. 经营性洗浴业用水
四、合表用户：指第一阶梯水价实施一年后，对由于居民自身原因仍未实现“一户一表”改造的合表居民用户</td></tr>
</table>

第二节　农村公共供水价格

农村公共供水，是指利用公共供水管道及其附属设施向农村居民和单位提供生活和生产用水的活动。

一、制定（调整）农村公共供水价格的政策依据

制定（调整）农村公共供水价格的政策依据包括《政府制定价格行为规则》《政府制定价格听证办法》《山东省重大行政决策程序规定》《政府制定价格成本监审办法》《城镇供水定价成本监审办法》（国家发改委、住建部令第45号）、《山东省定价听证目录》（鲁发改价格〔2021〕355号）、《山东省城镇供水价格管理实施办法》《滨州市城镇供水价格管理实施细则》《山东省农村公共供水管理办法》《滨州市关于深化水价改革促进水资源节约集约利用实施方案》《邹平市实施〈山东省农村公共供水管理办法〉细则》等。

二、农村公共供水政策规定

农村公共供水实行计划用水、定额供水、有偿使用、计量收费制度。水量分配发生矛盾时，优先保证生活用水。供水水价按照补偿成本、合理收益、公平负担的原则，实行农村居民生活用水和工业生产用水分类计价。生活用水按照保本微利的原则核定，生产用水按照成本加合理利润的原则核定。政府补助和群众筹资筹劳部分不参与利润计算。

农村公共供水水价按照下列规定确定：（一）供水人口在10000人以上的供水工程，其供水水价实行政府定价，由供水单位编制供水水价方案，报市物价部门会同水行政主管部门核准；

（二）供水人口不足10000人的联村供水工程，其供水水价可以实行政府定价或者政府指导价，具体办法由市物价和水行政主管部门根据当地实际情况规定；（三）单村供水工程的供水水价实行政府指导价，由供水用水双方在市物价部门确定的浮动范围内协商确定；（四）县城自来水管网工程向农村延伸供水的，水价按照农村公共供水定价原则核定。

三、邹平市农村公共供水现状

邹平市农村公共供水，除山区和魏桥、台子、码头三镇之外，主要由市农村自来水公司负责供给；山区大部分为单村集中供水；魏桥、台子、码头三镇建有水厂，水源均为黄河水，负责辖区内的供水。

邹平市农村自来水有限责任公司辖月河水厂，水源地主要为月河流域地下水，年供水量320万立方米左右，农村居民生活供水价格3.0元/立方米［包含水资源税0.2元/立方米，《邹平县人民政府关于印发邹平县部分农村饮水提升工程实施方案的通知》（邹政发〔2009〕22号）规定］。

魏桥镇、台子镇、码头镇三处工程到村水价分别为2.6元/立方米、3.3元/立方米、2.8元/立方米，平均水价3元/立方米，是由各镇根据供水成本单独核定确定水价，均低于城镇居民用水价格3.95元/立方米。

单村集中供水工程各村由村委会与村民协商确定。按计量收费的村水价一般在2元/立方米左右。

四、供水定价管理

纳入城市管网延伸工程和“千吨万人”以上工程供水，由县级以上人民政府核定价格；供水不足“千吨万人”的联村供水工程，可以实行政府定价或者协商定价，具体办法由县（市、区）人民政府确定；农村居民自筹自建、单村供水工程的供水价格，由县级政府供水主管部门指导村民与供水方协商确定。

实行政府定价的，定价程序参照本章第一节“二、制定（调整）城镇供水价格的详细程序和文书”。

第三节 水利工程供水价格

水利工程供水价格按照补偿成本、合理收益、优质优价、公平负担的原则制定，并根据供水生产成本、费用及市场供求的变化情况适时调整。

一、制定（调整）水利工程供水价格的政策依据

制定（调整）水利工程供水价格的政策依据包括《政府制定价格行为规则》《水利工程供水价格管理办法》《政府制定价格成本监审办法》《水利工程供水定价成本监审办法》《山东省水利工程供水价格管理办法》《山东省定价目》和《关于加强水利工程供水价格事中事后监管工作的通知》（鲁发改价格〔2020〕1258号）。

二、制定（调整）水利工程供水价格的程序和文书

制定（调整）水利工程供水价格，须履行价格调查、成本监审、听取社会意见、集体审议、作出制定价格的决定等程序，其中关键在于成本监审。

（一）决策启动。供水单位申请核定和调整供水价格时，应提出正式申请，如实出具供水生产经营及成本情况说明、有关账簿以及其他相关资料，逐级上报有管理权限的价格主管部门和水行政主管部门核定。

（二）价格调查。对农业水价情况进行社会调查，并调查相邻市、县、区水利工程供水价格情况，形成调查报告。

（三）成本监审。按照水利工程供水定价成本监审相关政策规定，对定调价年度之前三年的供水成本进行监审，并形成《成本监审报告》。

（根据工作需要，可以通过政府购买服务等方式，委托或聘请专业机构或者人员参与成本监审工作。以政府购买服务等方式委托或聘请的，应当签订合同，明确工作内容及相关责任）

（四）听取社会意见或专家论证，并进行风险评估。通过网上公示、发放征求意见书等形式听取社会意见（公示时间一般不得少于30日）。

（五）拟制订价格方案。方案应当载明以下内容：

1. 现行价格和拟制定的价格、单位调价幅度；

2. 制定价格的依据和理由；

3. 制定价格对相关行业和消费者的影响；

4. 成本监审报告或者成本调查报告；

5. 经营者、消费者或其代表，以及有关方面的主要意见及采纳情况；

6. 经过听证的，附听证报告；

7. 经过专家论证的，附专家论证意见及采纳情况；

8. 经过风险评估的，附风险评估意见；

9. 价格的执行时间、期限和范围。

（六）合法性审查。合法性审查内容包括：

1. 制定价格事项是否符合定价目录规定的权限和范围；

2. 制定价格的程序是否符合法定程序；

3. 需要审查的其他事项。

（七）集体审议。集体审议须形成书面材料。

（八）上报制订价格方案。制定重要的商品和服务价格，应当按照有关规定报同级人民政府批准。

（九）作出制定价格的决定。制定价格的决定应当载明以下内容：

1. 制定价格的项目、制定的价格；

2. 制定价格的依据；

3. 价格的执行时间和范围；

4. 作出决定的定价机关名称和作出决定的日期。

制定价格的决定原则上应当由定价机关制发。授权市、县人民政府制定价格的，经市、县人民政府批准，可以由价格主管部门或者有关部门制发并抄报市、县人民政府。

（十）公布制定价格决定。定价机关作出定价决定后，应当通过政府网站、新闻媒体向社会公布定价决定。

（十一）存档。定价机关应当按照档案管理制度建立制定价格的卷宗并存档。卷宗应当实行“一价一卷宗”。

（十二）后评估。制定价格的决定实施后，定价机关应当对决定的执行情况进行跟踪调查和监测，并适时进行后评估。后评估的内容包括：

1. 价格的执行情况，执行中存在的问题及原因；

2. 经营者经营状况、成本、劳动生产率和市场供求变化对价格的影响；

3. 相关商品和服务市场供求状况和价格的变化情况；

4. 社会各方面对所制定价格的意见；

5. 制定的价格对经济社会发展和消费者、经营者的影响；

6. 其他有关情况。

三、重点事项

（一）定价办法：按照“准许成本加合理收益”的方法核定水利工程供水价格。供水经营者供水业务的准许收入由准许成本、准许收益和税金构成。其中，按满足运行还贷需要制定水价的工程，准许收入原则上按照补偿工程运行维护费用和贷款本息确定。

供水价格按供水业务准许收入除以计价点核定售水量确定。

（二）“两部制”水价机制。对新建水利工程和具备条件的原有水利工程供水，逐步推行基本水价和计量水价相结合的“两部制”水价制度，2025 年年底前全部实行。基本水价按照补偿工程基本运行维护费用、合理偿还贷款本息的原则核定，一般不得超过综合水价的 50%。

（三）税金。包括所得税、城市维护建设税、教育费附加，依据国家现行相关税法规定核定。

第四节　农业综合水价

农业供水价格，是指水利工程管理单位、管护单位或供水经营者（以下简称“供水单位”）通过拦、蓄、引、排、提（抽）等水利工程设施销售给农业用水户的原水价格。其中，农业用水户包括从事粮食作物、经济作物、林果、水产养殖等生产单位、组织或个人。

邹平市农业灌溉主要分为河灌和机井灌溉方式，其中河灌水源引自黄河及小清河，黄河河灌区分胡楼灌区和张桥灌区，胡楼灌区每年黄河水引水指标为 12000 万立方米，其中农业供水为 6000 万立方米；张桥灌区 2019 年至 2021 年黄河水农业供水量年均 1795 万立方米；小清河近两年因需维持正常复航水位，实际引水量偏低，本次农业供水量选用平均年供水量 4000 万立方米设计供水量。

农业水价综合改革是一项复杂的系统工程，涉及供水、用水、管水等环节，资源、价格、产权等领域，工程、技术、政策等措施，政府、社会、农民等方面，需要正确处理当前与长远、公平与效率、政府与市场的关系，寻求兼顾各方利益的最大公约数，形成推进改革的合力。

一、制定（调整）农业综合水价的政策依据

制定（调整）农业综合水价的政策依据包括《政府制定价格行为规则》《政府制定价格成本监审办法》《水利工程供水价格管理办法》《水利工程供水定价成本监审办法》《山东省农业水价综合改革实施方案》（鲁政办发〔2016〕44 号）、《山东省农业供水价格管理实施办法（试行）》（鲁价格一发〔2017〕148 号）、《关于建立完善农业用水超定额累进加价制度的指导意见》（鲁发改价格〔2018〕1439 号）、《关于深化水价机制改革促进水资源节约集约利用的实施方案》（鲁发改价格〔2021〕1059 号）、《关于全面推行农业用水计量水价有关事项的通知》（鲁发改价格〔2022〕909 号）。

二、制定（调整）农业综合水价的程序和文书

制定或者调整农业综合水价，应当履行价格调查、成本监审、听取社会意见、合法性审查、集体审议、作出制定价格的决定等程序，其中关键在于成本监审。

具体程序及文书内容参照本章第三节“二、制定（调整）水利工程供水价格的程序和文书”。

三、重点事项

（一）设计成本审计表格：上级价格主管部门尚未出台“农业供水成本监审办法”，没有统一的农业供水成本审计表，因此，须根据当地实际设计成本监审核算表。

以邹平市为例，我们设计如下：

1. 汇总表：农业供水成本汇总表。

2. 基础表：引黄、引清灌区农业供水成本审核表，机井灌区农业供水成本审核表（小麦、玉米），机井灌区农业供水成本审核表（其他经济作物），引黄、引清灌区末级渠系农业供水成本审核表（水泵取水），引黄、引清灌区末级渠系农业供水成本审核表（柴油机取水），农业供水成本及价格表，农业供水成本分摊表，引清灌区骨干工程农业供水成本审核表。

（二）成本数据来源：

1. 骨干工程成本数据：由引黄处、各相关镇办提供三年的实际成本数据。

2. 末级渠系成本数据：引黄、引清灌区末级渠系（水泵取水）抽取有代表性的 8 个村庄；引黄、引清灌区末级渠系（柴油机取水）抽取有代表性的 8 个村庄；井灌区（小麦、玉米）抽取有代表性的 18 个村庄；井灌区（其他经济作物）抽取有代表性的 2 个村。

（三）核算指标数据包括农业供水总成本、农业供水运行维护成本、农业供水量、农业供水单位全成本（含动力费含折旧）、农业供水单位全成本（不含动力费含折旧）、农业供水用电量、农业供水运行维护单位成本（含动力费）、农业供水运行维护单位成本（含动力费）、农业供水运行维护单位成本（不含动力费）、农业供水运行维护单位成本（以电折水含电费）等。以上指标数据须按引黄、引清灌区骨干工程，引黄、引清灌区末级渠系（水泵取水），引黄、引清灌区末级渠系（柴油机取水），井灌区（小麦、玉米），井灌区（经济作物）等，分类核算。

（四）测算制订价格方案：根据指标数据，测算、制订价格方案。根据国家政策及《山东省农业水价综合改革实施方案》（鲁政办发〔2016〕44 号）、《山东省农业供水价格管理实施办法（试行）》（鲁价格一发〔2017〕148 号）和《关于深化水价机制改革促进水资源节约集约利用的实施方案》（鲁发改价格〔2021〕1059 号）等相关规定，区分不同的农业种养结构、缺水程度、供水来源，实行分类水价。经济作物和养殖业用水价格相对高于其他用水类型，其中，粮食作物用水价格应达到运行维护成本水平，一般经济作物用水价格应达到完全成本水平，高附加值经济作物、设施农业和养殖业等用水价格应达到一定盈利水平。严重缺水地区的用水价格相对高于其他地区，较长缺水时期的用水价格相对高于其他时期，对按照政策应当限制用水的，可实行特殊加价制度；地下水用水成本高于当地地表水，可适当提高地下水保护区用水价格、显著提高地下水超采区用水价格，借以实现地下水采补平衡。

（五）水价：农业水价综合改革主要是核定计量水价，不能获取用水水量数据的，可采取“以时折水”“以电折水”或“以亩次计价”等计价方式。

例：农业用水终端价格及农业用水超定额累进加价制度

关于邹平市农业用水终端价格及农业用水超定额累进加价制度的通知

（邹发改价格〔2022〕17 号）

各相关单位：

根据《山东省农业水价综合改革实施方案》（鲁政办发

〔2016〕44号)、《山东省农业供水价格管理实施办法(试行)》(鲁价格一发〔2017〕148号)、《关于建立完善农业用水超定额累进加价制度的指导意见》(鲁发改价格〔2018〕1439号)、《关于深化水价机制改革促进水资源节约集约利用的实施方案》(鲁发改价格〔2021〕1059号)和《滨州市关于深化水价机制改革促进水资源节约集约利用的实施方案》(滨发改价格〔2022〕139号)规定，结合邹平市农业供水成本、供水来源、缺水程度等情况，现分类制定我市农业用水终端价格及农业用水超定额累进加价制度，具体如下。

一、农业灌溉用水价格

(一)引黄灌区农业用水终端价格

1. 粮食作物用水：0.056元/立方米。

2. 一般经济作物用水：0.20元/立方米。

3. 高附加值经济作物、设施农业和养殖业用水：0.21元/立方米。

不具备计量供水条件的，农业用水终端价格最高16.6元/亩·年。

(二)引河灌区农业用水终端价格

1. 粮食作物用水：0.056元/立方米。

2. 一般经济作物用水：0.20元/立方米。

3. 高附加值经济作物、设施农业和养殖业用水：0.21元/立方米。

(三)井灌区农业用水终端价格

1. 粮食作物用水：0.06元/立方米。

2. 一般经济作物用水：0.22元/立方米。

3. 高附加值经济作物、设施农业和养殖业用水：0.23元/立方米。

（四）“以电折水”价格

农业用水终端（末级渠系），不具备供水计量收费条件的，可采取“以电折水”计价方式计价（按照用电量收取水费）。“以电折水”价格最高不得超过0.60元/千瓦时（含电价），各供水单位在0.60元/千瓦时以内据实确定具体价格。

二、邹平市农业用水超定额累进加价制度

农业用水实行超定额累进加价收费制度，具体分档水价如下：

一档水价：用水量在定额内部分，按农业用水终端价格执行。

二档水价：用水量超过定额30%（含30%）以内的，超出部分按终端水价的1.5倍收取。

三档水价：用水量超过定额30%以上的，超出部分按终端水价的2倍收取。

三、其他事项

（一）加价项目。农业用水超定额累进加价，原则上仅为水价加价，不包含税费和各种附加。

（二）计费周期。计量缴费周期由供水单位在充分考虑农业生产周期性差异等因素的基础上自行确定，可以按年度、供水周期或农作物灌溉周期作为一个计价周期进行核定。

（三）资金使用。实行超定额用水累进加价形成的收入要“取之于水，用之于水”，原则上由供水单位或供水组织收取，主要用于农业水价综合改革精准补贴、节水奖励、农业灌溉设施的维护、计量设施的完善和节水技术的改造等。

本通知自印发之日起试行，有效期三年。邹平市发展和改革局、水利局《关于邹平市农业用水终端试行价格及农业用水超定额累进加价制度的通知》（邹发改价格〔2020〕34号）同时废止。

邹平市发展和改革局　邹平市城乡水务局　邹平市农业农村局

2022年7月10日

第五节 区域综合水价

针对城镇用水和工业用水，统筹当地水源（地表水、地下水和非常规水源）和客水水源（黄河水、长江水、小清河水等），通过分析本辖区各供水水源供水量、用水户、单一水源水价、供水工程运行管理等情况，制定科学、合理的区域多水源综合水价。可按行政区划核定区域综合水价，实行水利工程供水价格同价；也可按农业、工业和城镇供水用途不同核定区域综合水价。

一、制定（调整）区域综合水价的政策依据

制定（调整）区域综合水价的政策依据包括《政府制定价格行为规则》《水利工程供水价格管理办法》《政府制定价格成本监审办法》《水利工程供水定价成本监审办法》《山东省水利工程供水价格管理办法》《山东省定价目录》、《关于积极推进区域综合水价改革工作的指导意见》（鲁发改价格〔2019〕1166 号）、《关于加强水利工程供水价格事中事后监管工作的通知》（鲁发改价格〔2020〕1258 号）、《关于推进多水源区域综合水价改革工作的通知》（鲁发改价格〔2022〕200 号）。

二、制定（调整）区域综合水价的详细程序、文书

制定（调整）区域综合水价，须履行价格调查、成本监审、听取社会意见、合法性审查、集体审议、作出制定价格的决定等程序，其中关键在于成本监审。

具体程序及文书内容参照本章第三节“二、制定（调整）水利工程供水价格的程序和文书”。

三、邹平市水资源现状

邹平市水资源分当地水源（地表水、地下水和非常规水源）和客水水源（黄河水、长江水等）。不同的水源，供水主体不同，成本高低不同，终端供水价格差异较大。南水北调工程作为水资源优化配置的战略性工程，对沿线地区水资源危机的缓解、经济社会可持续发展、生态环境的改善，意义重大。南水北调东线第一期工程全线通水后，作为受水区，邹平市将逐渐形成地表水、地下水、引黄水和南水北调水多水源供水格局，前景乐观。

四、水资源利用存在的问题

（一）超引大量黄河水。黄河水水质好、价格低，市内工农业生产及生活供水主要依靠黄河水，但黄河水分配指标有限（指标供水量约占总需求供水量的69%），为满足经济发展和生活需要，邹平市每年都须超引黄河水。

（二）水价差异导致高价长江水利用率低。南水北调东线配套工程成本费用高，水价相应提高。根据国家发改委《关于南水北调东线一期主体工程运行初期供水价格政策的通知》（发改价格〔2014〕30号）规定，东平湖以东各口门水价为1.65元/立方米（基本水价0.82，计量水价0.83），远高于黄河水原水水价0.12~0.14元/立方米，企业想方设法规避使用长江水、争用当地水和黄河水，在所难免。在此，笔者建议将南水北调长江水，纳入整个调蓄供水系统，统一定价。

五、区域综合水价改革的方向、目标

根据各地开展区域综合水价改革试点情况，结合邹平实际，笔者研究探索邹平市区域综合水价改革方向和目标如下：

（一）摸清区域现状供用水及价格

首先，对现状地表水供水管网（含在建南水北调配套工程供水管网）覆盖范围内的工业企业用水单位的生产规模、用水量、单位产品和万元产值用水量及其用水管理方式展开全面调查，摸清企业真实需水状况和水价承受能力；其次，对地表水供水现状和在建南水北调配套工程供水单位及其供水工程建设情况进行调查，摸清地表水供水工程建设规模和供水能力等情况；最后，理顺各供水单位的供水价格、水费收缴方式和在建南水北调配套工程供水价格，为综合水价制度改革奠定基础。

（二）完善区域输供水工程网络

全市工业企业用水主要集中在经济技术开发区、韩店工业园、青阳工业园、魏桥镇魏桥工业园、长山镇内。各区域工业企业用水量约占全市工业企业用水量的95%，具备地表水集中供水的良好条件。而且工业企业地表水的利用基本都是通过水库供水工程来实现。目前，韩店水库供水管网（包括开发区工业供水管网、韩店工业供水管网、青阳工业供水管网）相对较完善，其他水库在各区域供水网络有待进一步建立和完善。

综合水价改革是一项包含输水、供水、管水等系统工程，需要完善配套工程和输供水工程网络才能充分发挥效益。邹平市现状供水工程以引黄水为主，笔者建议，想办法多方筹集资金，完善南水北调配套工程及相关输供水工程建设，加快与全市骨干输供水网络相配套的县（市、区）供水网络体系建设，将更大量长江水引入邹平供水区，缓解目前的用水紧张状况，最大限度发挥南水北调工程效益。

（三）确定区域引调客水的初始水权和成本水价

上级主管部门配给邹平市的用水指标为：黄河水10400万立方米，长江水9850万立方米。经区域水资源论证、邹平市城乡水务局办理取水许可证，取得初始水权。邹平市城乡水务局再按取水许可水量为有关用水企业变更取水许可证。根据原水水价、水资源税以及工程水价确定各供水水源的成本水价。

（四）制订基于输供水过程的多水源水资源优化配置方案

区域精细化水资源优化配置是核算综合水价的必要条件。考虑到区域综合水价改革的目的是统筹调度和优化配置各种水资源，笔者建议，在完善《邹平市地表水资源综合开发利用与优化配置》的基础上，明确地表水供水范围和相关用水单位基本水量分配指标，以当地地表水和黄河水的低价平抑外调长江客水的高价，促进长江客水的利用，减少地下水开采。

（五）制订面向工业用户的区域综合水价方案

以黄河水和小清河水平抑长江水，实现丰水年盈余向枯水年亏缺调剂，促进水资源的优化配置，减少地下水的开采，逐步改善地下水资源环境。通过调查、核算单一水源供水水价，在各水源工业指标控制下以邹平市工业用水效益最大为目标进行优化配置，进而得到供水量方案。最后基于多水源供水方案，核算邹平市工业取用水区域综合水价。

（六）调查了解工业企业用户水价承受能力

工业企业肩负着地区的经济发展重任。水价作为经济杠杆，可以提高第二产业的节水水平，提高水资源利用效率，但是当水费支出超出用水户的承受能力，会降低企业的盈利和生产效率水平，同时降低了企业的竞争力，当该地区的企业竞争力低于其他地区时，可能会对该地区的经济发展造成影响。因此，在对工业企业水价制定时，应充分考虑水价对用户的节水效应和用户对水价的承受能力。

（七）制定出台区域多水源综合水价政策

一是出台《邹平市水资源管理办法》《邹平市封井并网实施

方案》，提高全市地下水资源税征收标准，地下水资源税征收标准要大大高于地表水综合水价。二是市发改局、水务局、财政局联合发布《关于公布邹平市区域综合水价的通知》，对取用小清河水、黄河、长江等地表原水的工业企业用水单位实行统一综合水价。

（八）成立非营利性质的区域综合水价管理服务中心

邹平市政府成立非营利性质的区域综合水价管理服务中心，负责综合水费的收取和支出，不参与工程建设，单设账号，实行独立核算。综合水费收取统一按区域综合水价和水利局提供的各用水单位的用水量向各用水单位收取。收取的综合水费用于向邹平润邹水务有限公司、邹平台子供水有限公司、邹平仁源供水有限公司、邹平北控水务有限公司等地表水公共供水企业支付水费。水费支出受水务局、财政局共同监督。

（九）建设完善取用水在线监测监控和管理系统

加快完善输、供、用水计量、监控设施，建立高标准水资源远程监控信息系统，在市水利局建设水资源管理信息化管理中心，全时程（24 小时）监测取用水量和监测设施安全运行状况（在所有地表水取水口、用水单位用地红线内侧地表水供水管道上和按规定保留的自备井附近的机井出水管上安装水量在线监测监控设备）；建设信息化管理平台，实现用水申请与批复、用水量统计分析等信息化管理。

第六节　用水超定额累进加价制度

用水超定额累进加价制度包括城镇非居民用水（含特种用水）超定额累进加价制度和农业用水超定额累进加价制度。

一、制定用水超定额累进加价制度的政策依据

非居民用水：《国家发展改革委　住房和城乡建设部关于加快建立健全城镇非居民用水超定额累进加价制度的指导意见》（发改价格〔2017〕1792号）、《山东省城镇非居民用水超定额（计划）累进加价制度实施方案》（鲁价格一发〔2017〕147号）、《滨州市城镇供水价格管理实施细则》。

农业用水：《山东省农业水价综合改革实施方案》（鲁政办发〔2016〕44号）、《关于建立完善农业用水超定额累进加价制度的指导意见》（鲁发改价格〔2018〕1439号）。

山东省发改委等九部门《关于印发〈关于深化水价机制改革促进水资源节约集约利用的实施方案〉的通知》（鲁发改价格〔2021〕1059号）。

二、制定城镇非居民用水超定额累进加价制度重点事项

（一）分档水量和加价标准。《山东省城镇非居民用水超定额（计划）累进加价制度实施方案》（鲁价格一发〔2017〕147号）规定：

分档水量：原则上，水量分档不少于三档。第一档水量基数为行业取水定额（计划）水量，保证用水单位正常的生产、经营需要；第二档水量原则上不超过行业取水定额水量2倍；第三档水量为超过第二档水量部分。

加价标准：原则上，第一档水量价格执行规定的到户水价，第二档水量加价标准不低于1倍，第三档水量加价标准不低于2倍。对“两高一剩”（高耗能、高污染、产能严重过剩）等行业超定额用水量部分，价格按照城镇非居民用水超定额加价标准加倍收取。

《关于深化水价机制改革促进水资源节约集约利用的实施方

案》(鲁发改价格〔2021〕1059号)规定:公共管网用水单位超定额(计划)用水的,除据实缴纳水费外,还应缴纳超定额(计划)加价水费,超定额(计划)的数量10%(含)以下的部分,按照水价的1倍缴纳;超定额(计划)的数量10%至30%(含)按照水价的2倍缴纳;超定额(计划)的数量30%以上的部分,按照水价的3倍缴纳。(新出台城镇非居民用水超定额累进加价制度时,按此规定执行)

(二)加价项目。非居民用水超定额(计划)累进加价,原则上仅为基本水价加价,不包含水资源费(税)、污水处理费和城市教育附加费。

(三)计费周期。原则上以季度作为一个计费周期进行核定,对于生产周期性差异较大或不宜以季度为周期计费的行业,可以年度为一个计费周期进行核定。

(四)资金用途。实行超定额用水累进加价形成的收入应纳入同级财政,要"取之于水,用之于水",可用于管网及户表改造、完善计量设施和水质提升等;也可提取一定比例,用于对节水成效突出的企业进行奖励,用于企业节水技术改造、节水技术工艺推广等。资金征收和使用具体管理办法由各设区市制定。

三、制定农业用水超定额累进加价制度重点事项

(一)分档水量。根据用水定额,充分考虑水资源稀缺程度、节水需要,合理确定分档水量,原则上分档不少于三档。一档水量为定额水量,原则上按覆盖90%农业用水户平均用水量确定,保障粮食种植户正常用水需求;二档水量原则上按覆盖95%农业用水户的平均用水量确定,体现在水资源缺乏地区和地下水超采区限制种植高耗水农作物;三档水量为超出二档水量的用水部分。

(二)加价标准。加价标准要充分考虑种植效益和种植户承受能力，确保超定额累进加价制度实施后不影响农民的种粮积极性。第一级和第二级要保持适当价差，第三级要反映农作物灌溉定额约束力和水资源稀缺程度，拉大价差，杜绝水资源浪费。一档价格各地按农业水价形成机制的政策制定；二档水价加价标准一般为一档水价的 1.2 倍至 1.5 倍，三档水价加价标准原则上不低于一档水价的 2 倍。

（三）加价项目。农业用水超定额累进加价原则上仅为水价加价，不包含税费和各种附加。

（四）计费周期。计量缴费周期由各地在充分考虑农业生产周期性差异等因素的基础上自行确定，可以年度、供水周期或农作物灌溉周期作为一个计价周期进行核定。

四、其他事项

（一）对“两高”（高耗能、高污染）行业，实行严厉的加价政策。2023 年年底前，炼化、焦化等“两高”行业超过单位产品（产值）能源消耗限额标准或污染物排放标准的用水单位，超定额（计划）加价标准较一般用户再增加 1 倍。对特种用水行业用水超定额（计划）加价标准较一般用户再增加 2 倍以上，具体由各市、县（市、区）结合本地水资源稀缺程度确定。（省发改委牵头，省住房和城乡建设厅、省水利厅、省生态环境厅等部门按职责分工负责）

（二）完善差别化水价政策。2023 年年底前，将差别化水价加价行业范围扩大到所有淘汰类、限制类和“亩产效益”评价 D 类企业，用水价格按高于定额（计划）水价 3 倍标准核定，建立差别化水价纳入和退出机制，促进工业节水减排。（省发改委牵头，省工业和信息化厅等部门按职责分工负责）

（三）加大再生水利用力度。加大城镇再生水利用管网建设，将再生水利用纳入水资源统一调配。再生水价格由供需双方按照优质优价的原则协商确定，实行价格累退。对具备再生水供应条件的工业园区，提高再生水使用比例，高耗水企业冷却循环再生水使用比例不得低于20%，并逐年降低生产用原水和自来水供应量。推动园林绿化、道路清扫、消防及生态用水等公共领域使用再生水。

例：非居民和特种用水实行超定额累进加价制度

关于邹平市非居民和特种用水实行超定额累进加价制度的通知

（邹发改价格〔2022〕21号）

各有关单位：

为进一步促进水资源可持续利用，全面推进节水型社会建设，推动水资源供给侧结构性改革，根据《国家发展改革委　住房和城乡建设部关于加快建立健全城镇非居民用水超定额累进加价制度的指导意见》（发改价格〔2017〕1792号）、《省物价局　省住房和城乡建设厅　省水利厅关于印发〈山东省城镇非居民用水超定额（计划）累进加价制度实施方案〉的通知》（鲁价格一发〔2017〕147号）和《中共滨州市委 滨州市人民政府关于推进价格机制改革的实施意见》（滨发〔2017〕17号）等文件规定，现将邹平市非居民和特种用水超定额累进加价制度有关事项明确如下：

一、实施范围

邹平市城镇公共供水管网覆盖范围内所有非居民和特种用水户。

二、用水定额

邹平市节水主管部门依据我省行业取水定额标准，每年年初下达本年度行业取水计划（定额）水量，并核定超计划（定额）用水情况。其中：对于我省行业取水定额标准没有涵盖的行业，可选用国家分行业取水定额标准；若国家和我省行业取水定额标准均未覆盖的行业，由节水主管部门根据用水户的生产、经营用水等实际情况，确定年度用水计划（定额）。

三、标准内容

（一）分档水量

水量分为三档，第一档为行业取水定额（计划）水量，保证用水单位正常的生产、经营需要；第二档为超过行业取水定额（计划）水量2倍（含）以内的部分；第三档为超过行业取水定额（计划）水量2倍以上的部分。

（二）加价项目

加价内容仅为基本水价部分，不包含水资源税和污水处理费。

（三）加价标准

1. 非居民和特种用水：第一档水量价格执行规定的到户水价，第二档水量基本水价加价1倍执行；第三档水量基本水价加价2倍执行。

2. “两高一剩”行业用水：主要包括钢铁、水泥和电解铝等高耗能、高污染、产能严重过剩的行业用水。其中：第一档水量价格执行规定的到户水价；第二档水量基本水价加价2倍执行；第三档水量基本水价加价4倍执行。

四、计费周期

原则上以季度作为一个计费周期进行核定，对于生产周期性差异较大或不宜以季度为周期计费的行业，可以年度为一个计费周期进行核定。

五、资金管理

实行非居民和特种用水超定额累进加价制度后，超用水加价部分纳入政府非税收入管理。

本通知自2022年10月1日起执行，有效期至2025年9月30日。

邹平市发展和改革局　邹平市工业和信息化局　邹平市财政局
邹平市住房和城乡建设局　邹平市城乡水务局
2022年9月30日

第二章　电价管理

电价定价权限：省级以下电网输配电价由省价格主管部门定价。

电价分类：上网电价、输配电价和销售电价三个类别。

本章主要介绍关系民生的销售电价、与企业相关的上网电价、电价补贴等相关政策。

第一节　各类销售电价适用范围

一、居民生活用电

城乡居民住宅用电：城乡居民住宅用电是指城乡居民家庭住宅，以及机关、部队、学校、企事业单位集体宿舍的生活用电。

城乡居民住宅小区公用附属设施用电：是指城乡居民家庭住宅小区内的公共场所照明、电梯、电子防盗门、电子门铃、消防、绿地、门卫、车库等非经营性用电。

学校教学和学生生活用电：是指学校的教室、图书馆、实验室、体育用房、校系行政用房等教学设施，以及学生食堂、澡堂、宿舍等学生生活设施用电。

执行居民用电价格的学校，是指经国家有关部门批准，由政府及其有关部门、社会组织和公民个人举办的公办、民办学校。包括：(1) 普通高等学校（包括大学、独立设置的学院和高等专科学校）；（2）普通高中、成人高中和中等职业学校（包括普通中专、成人中专、职业高中、技工学校）；（3）普通初中、职业初中、成人初中；（4）普通小学、成人小学；（5）幼儿园（托儿所）；（6）特殊教育学校（对残障儿童、少年实施义务教育的机构）。不含各类经营性培训机构，如驾校、烹饪、美容美发、语言、电脑培训等。

社会福利场所生活用电：是指经县级及以上人民政府民政部门批准，由国家、社会组织和公民个人举办的，为老年人、残疾人、孤儿、弃婴提供养护、康复、托管等服务场所的生活用电。

宗教场所生活用电：指经县级及以上人民政府宗教事务部门登记的寺院、宫观、清真寺、教堂等宗教活动场所常住人员和外来暂住人员的生活用电。

城乡社区居民委员会服务设施用电：是指城乡居民社区居民委员会工作场所及非经营公益服务设施的用电。

二、农业生产用电

农业用电：是指各种农作物的种植活动用电。包括谷物、豆类、薯类、棉花、油料、糖料、麻类、烟草、蔬菜、食用菌、园艺作物、水果、坚果、含油果、饮料和香料作物、中药材及其他农作物种植用电。

林木培育和种植用电：是指林木育种和育苗、造林和更新、森林经营和管护等活动用电。其中森林经营和管护用电是指在林木生长的不同时期进行的促进林木生长发育的活动用电。

畜牧业用电：是指为了获得各种禽畜产品而从事的动物饲养活动用电。不包括专门供体育活动和休闲等活动相关的禽畜饲养用电。

渔业用电：是指在内陆水域对各种水生动物进行养殖、捕捞，以及在海水中对各种水生动植物进行养殖、捕捞活动用电。不包括专门供体育活动和休闲钓鱼等活动用电以及水产品的加工用电。

农业灌溉用电：是指为农业生产服务的灌溉及排涝用电。

农产品初加工用电：是指对各种农产品（包括天然橡胶、纺织纤维原料）进行脱水、凝固、去籽、净化、分类、晒干、剥皮、初烤、沤软或大批包装以提供初级市场的用电。

三、工商业及其他用电

工商业及其他用电：是指除居民生活及农业生产用电以外的用电。

大工业用电：是指受电变压器（含不通过受电变压器的高压电动机）容量在 315 千伏安及以上的下列用电：（1）以电为原动力，或以电冶炼、烘焙、熔焊、电解、电化、电热的工业生产用电；（2）铁路（包括地下铁路、城铁）、航运、电车及石油（天然气、热力）加压站生产用电；（3）自来水、工业实验、电子计算中心、垃圾处理、污水处理生产用电。

中小化肥用电：是指年生产能力为 30 万吨以下（不含 30 万吨）的单系列合成氨、磷肥、钾肥、复合肥料生产企业中化肥生产用电。其中复合肥料是指含有氮磷钾两种以上（含两种）元素的矿物质，经过化学方法加工制成的肥料。

农副食品加工业用电：是指直接以农、林、牧、渔产品为原料进行的谷物磨制、饲料加工、植物油和制糖加工、屠宰及肉类加工、水产品加工，以及蔬菜、水果、坚果等食品的加工用电。

第二节　销售电价政策

销售电价是指电网经营企业对终端用户销售电能的价格。销售电价分为居民生活用电、农业生产用电、工商业及其他用电价格三类。

居民生活、农业生产用电，实行单一制电度电价。工商业及其他用户中受电变压器容量在100千伏安或用电设备装接容量100千瓦及以上的用户，实行两部制电价。受电变压器容量或用电设备装接容量小于100千伏安的实行单一电度电价，条件具备的也可实行两部制电价。（两部制电价由电度电价和基本电价两部分构成。电度电价是指按用户用电度数计算的电价。基本电价是指按用户用电容量计算的电价）

一、销售电价基本政策（发改价格〔2005〕514号，发改价格〔2021〕1439号，鲁发改价格〔2021〕893号）

（一）全面放开燃煤发电上网电价

1. 放开全部燃煤发电机组上网电价，相关机组全部参与电力市场交易，其上网电价在“基准价+上下浮动”范围内形成。

2. 山东燃煤发电基准价保持稳定，继续按照每千瓦时0.3949元（含税，下同）标准执行，最高价格调整为每千瓦时0.4739元（上浮20%），最低价格调整为每千瓦时0.3159元（下浮20%）。燃煤发电企业与高耗能企业开展交易的，交易电价不受上浮20%限制。

（二）销售电价市场化改革

1. 取消工商业及其他用电类别目录销售电价，相关用户不再执行政府定价，全部进入电力市场参与交易。目录销售电价取消后，暂未直接从电力市场购电的用户由国网山东省电力公司代理购电（不收取任何代理费用）。国网山东省电力公司应尽快发布首次向代理用户购电公告，公告至少一个月后再按代理购电价格水平向代理用户售电，过渡期间继续按原目录销售电价水平执行。

已参与电力市场交易改为电网企业代理购电的用户，其价格按电网企业代理其他用户购电价格的1.5倍执行。

2. 居民生活（含执行居民电价的非居民用户）、农业生产继续执行现行目录销售电价，用电价格不变。

（三）配套改革措施

1. 保障居民生活和农业生产优先获得低价电源。将未参与电力市场交易的可再生能源、核电、省外来电等，优先用于保障居民生活和农业生产用电，保持居民和农业用电价格稳定。

2. 完善电力市场交易环保电价政策。电力市场电能量交易（含省内和跨区跨省）价格包括脱硫、脱硝、除尘和超低排放电价。

3. 明确电力市场分时电价执行方式。电力中长期市场交易合同未申报用电曲线的，结算时用户电能量交易价格、省级电网输配电价（含线损和交叉补贴，下同）高峰时段上浮50%、低谷时段下浮50%、尖峰时段上浮70%，市场电价峰谷浮动比例低于上述浮动标准的，按上述标准执行。高峰时段为：8：30～11：00，14：30～21：00；低谷时段12：00～13：00，23：00～7：00；其余时段为平时段。尖峰电价在6—8月实施，尖峰时段：10：00～11：00，19：00～21：00。分时电价执行范围，力率调整电费继续按照现行有关规定执行。

电力现货市场结算（中长期、日前、实时）电量，其电能量交易价格、省级电网输配电价不再执行分时电价政策。

（四）现行电价

山东电网居民生活、农业生产用电销售电价表

用电分类		电压等级	电度电价（元/千瓦时）
一、居民生活用电	一户一表	第一档	0.5469
		第二档	0.5969
		第三档	0.8469
	合表	不满1千伏	0.5550
		1千伏及以上	0.5010
二、农业生产用电		不满1千伏	0.5400
		1~10千伏	0.5250
		35千伏及以上	0.5100

备注： 1. 居民生活用电，含国家重大水利工程建设基金0.196875分钱、大中型水库移民后期扶持资金0.62分钱、可再生能源电价附加0.1分钱；2. 农业生产用电，含国家重大水利工程建设基金0.196875分钱；3. 居民生活用电合表分类，包括居民合表及执行居民电价的非居民用户。

山东电网输配电价表

用电分类		电度电价（元/千瓦时）					容（需）量电价	
		不满1千伏	1~10千伏	35千伏	110千伏	220千伏	最大需量（元/千伏安·月）	变压器容量（元/千瓦·月）
工商业及其他用电	单一制	0.1993	0.1855	0.1717				
	两部制		0.1809	0.1619	0.1459	0.1169	38	28

备注： 1. 表中各电价含增值税、线损、交叉补贴及区域电网容量电价，不含政府性基金及附加；2. 参与电力市场化交易用户的输

配电价水平执行上表价格，并按规定标准另行征收政府性基金及附加。具体标准为：国家重大水利工程建设基金0.196875分钱、大中型水库移民后期扶持基金0.62分钱、可再生能源电价附加1.9分钱。

二、峰谷分时电价政策

（一）居民分时电价政策（鲁发改价格〔2022〕158号）

1. 居民家庭分时电价政策

实施范围：国网山东省电力公司直接抄表、收费到户的城乡居民用户。

时段划分：峰段8：00至22：00，谷段22：00至次日8：00。其中，采暖期峰段8：00至20：00，谷段20：00至次日8：00。

电价标准：在现行阶梯电价标准基础上，峰段电价每千瓦时提高0.03元（含税，下同），谷段电价每千瓦时降低0.17元。即第一档峰段电价每千瓦时为0.5769元、谷段电价每千瓦时为0.3769元，第二档、第三档峰、谷电价分别在第一档峰、谷电价基础上加价0.05元、0.3元。其中采暖期谷段电价由降低0.17元调整至降低0.2元。即第一档峰段电价为0.5769元、谷段电价为0.3469元，第二档、第三档峰、谷电价加价标准不变。

2. 居民电动汽车充电桩分时电价政策

实施范围：国网山东省电力公司直接抄表、收费到户的居民家庭住宅、居民住宅小区、执行居民电价的非居民用户中设置的电动汽车充电桩。

时段划分：峰段8：00至22：00，谷段22：00至次日8：00。

电价标准：在现行电价标准（每千瓦时0.555元）基础上，峰段电价每千瓦时提高0.17元，谷段电价降低0.17元。即峰段电价每千瓦时为0.725元，谷段电价每千瓦时为0.385元。

3. 其他事项

居民家庭、居民电动汽车充电桩分时电价政策由居民用户自愿选择，电网企业免费更换分时电能表，调整后的电价政策自申请次月起执行。执行居民分时电价政策的用户以年度为周期，一年内不应调整。不选择的，仍按原方式计价。

（注：文中所指采暖期，是指每年 11 月 1 日至次年 3 月 31 日）

（二）工商业峰谷分时电价政策（鲁发改价格〔2022〕997 号）

1. 执行范围：容量补偿电价、电网企业代理购电用户（不含国家有专门规定的电气化铁路牵引用电）代理购电价格执行分时电价政策。输配电价（含线损、政策性交叉补贴）、政府性基金及附加、代理购电损益分摊标准、保障性电量新增损益分摊标准、执行 1.5 倍代理购电价格中的 0.5 倍加价部分等其他标准不执行分时电价政策。

2. 浮动比例：高峰时段上浮 70%、低谷时段下浮 70%、尖峰时段上浮 100%、深谷时段下浮 90%。

3. 时段划分：每年 2—5 月、9—11 月每日高峰时段（含尖峰时段）为 5 小时、低谷时段（含深谷时段）为 5 小时、平时段为 14 小时；每年 1 月、6—8 月、12 月每日高峰时段（含尖峰时段）为 6 小时、低谷时段（含深谷时段）为 6 小时、平时段为 12 小时。尖峰、深谷时段原则上全年各不超过 1095 小时。

国网山东省电力公司要根据山东电网电力供需状况、系统用电负荷特性、新能源装机占比、系统调节能力等因素合理确定具体时段，并以年度为周期提前公布未来 12 个月峰谷时段情况（2023 年具体峰谷时段划分应于 2022 年 11 月 30 日前向社会公布）；当年内可能出现电力供需紧张、天气变化等不确定因素时，应及时对尚未执行的峰谷时段进行调整，调整结果应提前1个月向社会公布。

不满1千伏代理购电用户计量装置具备动态调整条件前，其容量补偿电价、代理购电价格峰谷时段暂保持稳定，继续按照《山东省发展和改革委员会关于进一步完善工商业分时电价政策的通知》（鲁发改价格〔2021〕986号）规定执行，暂不执行尖峰、深谷电价政策。计量装置具备条件后，再执行与1千伏及以上用户相同的时段划分，以及尖峰电价、深谷电价和动态调整机制。

4. 其他事项

国网山东省电力公司应为工商业用户提供分时完整性计算服务，提前定位采集的曲线缺失异常情况，采取措施及时消缺处理，对缺失异常确无法处理的，应通过拟合方式补充完整后执行。要对分时电价收入单独统计，代理购电用户代理购电价格峰谷损益纳入代理购电损益，由代理购电用户分摊（分享）；工商业用户（电网企业代理购电用户、直接参与电力市场交易用户）容量补偿电价峰谷损益由全体工商业用户分摊（分享），并逐月清算。电网企业应保持代理用户销售电价水平相对稳定，对影响较大的因素可跨月分摊（分享），分摊（分享）月度原则上不超过3个月。每年结束3个月内，要向省发改委报告上一年度系统负荷曲线变化情况，系统最大负荷、峰谷差和负荷率变化情况，各时段电量比例变化情况，加权平均电价变动情况，以及执行分时电价收入变化情况等。

（注：根据省政府《关于加快服务业发展的若干意见》（鲁政发〔2013〕25号）规定，全省110千伏安以下的商场、超市、餐饮、宾馆、冷库等无法避峰用电的企业，不再纳入执行峰谷分时电价范围）

三、工商业非电网直供环节电价政策（鲁发改价格〔2022〕248号）

（一）电价政策

非电网供电主体除损耗费用外，不得随电费向终端用户加收其他任何费用。终端用户当月到户电价=非电网供电主体当月结算平均电价/（1-损耗率）。损耗率最高不得超过12%。非电网供电主体实际损耗率高于12%的，应通过加强管理、改造供用电设施设备等方式予以降低。“非电网供电主体当月结算平均电价”是指：非电网供电主体电费结算发票中的含税单价（含税单价=税价合计金额÷用电数量）。

采用“先购电、后用电”电费收取方式的，“预购电价”标准不得高于高峰时段燃煤发电基准价、工商业及其他用电类别（单一制）不满1千伏电压等级电度输配电价，以及政府性基金及附加之和（上述三项现行合计标准为每千瓦时0.9185元）。“预购电价”与“终端用户当月到户电价”电费差额部分应定期多退少补，退补周期最长不得超过12个月。

（二）其他事项

1. 以上政策规定的价格为终端用户最终价格，存在多层级非电网直供电的，终端用户执行的损耗、“预购电价”不得超过政策规定标准。

2. 非电网供电主体由电网企业代理购电、总表执行峰谷分时电价政策，且终端用户安装峰谷分时电表的，终端用户用电价格按照国网山东省电力公司公布的代理购电工商业用户电价表执行。非电网供电主体直接参与电力市场交易的，其从电力市场获得的交易价格应传导至终端用户。

3. 物业公共部位、共用设施和配套设施的运行维护费用等，应通过物业费、租金或公共收益解决，非电网供电主体不得以任何名义随电费向终端用户收取。

四、电动车用电充电政策

（一）在居民住宅小区之外设置的经营性集中式充换电设施

1. 用电价格。向电网经营企业直接报装接电的经营性集中式充换电设施用电，党政机关、企事业单位和社会公共停车场中设置的充电设施用电，执行电力市场交易价格或代理购电价格。由非电网供电主体供电的，按照《关于工商业非电网直供环节电价政策有关事项的通知》（鲁发改价格〔2022〕248 号）规定执行。

2025 年年底前，对执行两部制电价的电动汽车集中式充换电设施用电免收需量（容量）电费。（鲁发改价格〔2019〕20 号）

2. 收费。充换电设施经营企业可向电动汽车用户收取电费及充换电服务费两项费用。

电费按政策规定的实际电价结算；充电服务费实行市场调节价。

（二）在居民住宅小区设置的充电设施

居民电动车充电桩

（1）用电价格

居民家庭住宅、居民住宅小区、执行居民电价的非居民用户中设置的充电设施用电，执行“居民生活用电”类别中合表用户电价（现行标准为每千瓦时 0. 555 元）。

在非电网供电主体供电的居民住宅小区设置电动自行车充换电设施的，非电网供电主体与电网企业的结算价格执行接网电压等级对应的居民生活用电价格。

（2）收费：充换电设施经营企业可向电动车用户收取电费及充换电服务费两项费用。

电费按政策规定的实际电价结算；充电服务费实行市场调节价。

（三）居民电动汽车充电桩分时电价政策（鲁发改价格〔2022〕158号）

1. 实施范围。国网山东省电力公司直接抄表、收费到户的居民家庭住宅、居民住宅小区、执行居民电价的非居民用户中设置的电动汽车充电桩。

2. 时段划分。峰段8：00至22：00，谷段22：00至次日8：00。

3. 电价标准。在现行电价标准（每千瓦时0.555元）基础上，峰段电价每千瓦时提高0.17元，谷段电价降低0.17元。即峰段电价0.725元，谷段电价0.385元。

4. 其他事项。居民家庭、居民电动汽车充电桩分时电价政策由居民用户自愿选择，电网企业免费更换分时电能表，调整后的电价政策自申请次月起执行。执行居民分时电价政策的用户以年度为周期，一年内不应调整。不选择的，仍按原方式计价。

五、差别化电价政策

（一）差别电价政策实施力度（发改价格〔2010〕978号）

对电解铝、铁合金、电石、烧碱、水泥、钢铁、黄磷、锌冶炼8个行业实行差别电价政策，并进一步提高差别电价加价标准，自2010年6月1日起，将限制类企业执行的电价加价标准由现行每千瓦时0.05元提高到0.10元，淘汰类企业执行的电价加价标准由现行每千瓦时0.20元提高到0.30元。在此基础上，各地可根据需要，进一步提高对淘汰类和限制类企业的加价标准。各地要严格执行差别电价政策，并加强对高耗能企业的动态甄别工作，及时更新执行差别电价的企业名单，确保差别电价政策全面落实到位。

（二）对超能耗产品实行惩罚性电价（发改价格〔2010〕978号，鲁价格发〔2010〕136号）

1. 实行超能耗（电耗）产品惩罚性电价的范围

对能源消耗超过国家和地方规定的单位产品能耗（电耗）限额标准的，实行惩罚性电价。山东省超能耗（电耗）产品惩罚性电价的具体实行范围，按省节能主管部门确定的超能耗（电耗）企业和产品名单执行。

2. 超能耗（电耗）产品惩罚性电价的加价标准

超过限额标准10%以内的，加价标准为每千瓦时0.02元；

超过限额标准10%～30%（含10%）的，加价标准为每千瓦时0.05元；

超过限额标准30%～50%（含30%）的，加价标准为每千瓦时0.10元；

超过限额标准50%～100%（含50%）的，加价标准为每千瓦时0.20元；

超过限额标准1倍以上的，加价标准为每千瓦时0.30元。

（三）钢铁企业超低排放差别化电价政策（鲁发改价格〔2022〕350号，鲁发改价格函〔2022〕98号）

1. 电价政策

《山东省钢铁行业超低排放改造实施方案》（鲁环发〔2019〕149号）所列钢铁企业及新投产钢铁项目未按要求完成超低排放改造的，其全部网购电量（市场化交易电量、电网企业代理购电电量）实行用电加价政策。企业“有组织排放、无组织排放、清洁方式运输”其中一项未达到超低排放要求的，用电价格每千瓦时加价0.01元（含税，下同）；两项未达超低排放要求的，用电价格加价0.03元；三项未达超低排放要求的，用电价格加价0.06

元。完成全部超低排放改造的，用电不加价。

钢铁企业已执行其他差别化电价（淘汰类、限制类）、惩罚性电价或阶梯电价政策的，按照最高加价标准政策执行，不重复加价。

2. 执行程序

（1）完成超低排放改造的钢铁企业要按照生态环境部办公厅《关于做好钢铁企业超低排放评级监测工作的通知》《钢铁企业超低排放评估监测技术指南》等要求，及时组织开展评估监测，将评估监测报告报各市生态环境部门备案，同时报中国钢铁工业协会申请公示，接受社会监督。省生态环境厅负责将钢铁企业超低排放改造、评估监测和公示等完成情况函告省发改委。省发改委根据本通知规定，公布执行差别电价企业名单、加价标准，函告国网山东省电力公司执行。

（2）新投产钢铁项目试运行6个月后，未完成评估监测且未在中国钢铁工业协会公示的，由省生态环境厅函告省发改委，按本通知规定执行差别化电价。

（3）执行差别电价钢铁企业完成超低排放改造的，由省生态环境厅函告省发改委，省发改委函告电网企业停止执行差别电价。

（四）对企业限制类装置执行差别电价（鲁发改价格〔2021〕1150号）

根据国家发改委、原国家电监会、国家能源局《关于清理对高耗能企业优惠电价等问题的通知》（发改价格〔2010〕978号），决定对山东钢铁集团有限公司等11家钢铁企业、山东水泥厂有限公司等43家水泥企业限制类装置生产用电执行差别电价，其用电价格自2022年2月1日起每千瓦时加价0.1元（含税）。

六、阶梯电价

(一) 居民阶梯电价制度(鲁发改价格〔2019〕509号)

1. 实行范围

居民生活用电阶梯电价的实行范围为国网山东省电力公司直接抄表、收费到户的城乡居民用户,即"一户一表"用户。实行阶梯电价的城乡居民用户原则上以一个房产证对应的住宅为一"户";没有房产证明的,以电力公司为居民家庭安装的电表为一"户"。

(1) 单独使用一块电能表,且对应一个房产证明(或宅基地证,下同),认定为"一户一表"居民用户。

(2) 单独使用一块电能表,因历史原因没有房产证明的居民用户,如果户口簿地址与用电地址相同,认定为"一户一表"居民用户。

(3) 共同使用一块电能表,同一用电地址对应着多个房产证或两个及以上户口簿的住宅,认定为"合表"居民用户。

(4) 因历史原因,一户居民的一处住宅在电网企业登记有两个及以上单独装设电能表用电情况的,可以暂按电能表分别执行阶梯电价,但应逐步归并为一个房产证明或一处住宅对应一块电能表。

2. 执行周期

阶梯电价按年度为周期执行。全年分档电量按月度电量标准乘以月份计算,执行相应分档的电价标准。

(1) 电网企业直接抄表收费的居民用户,自电网企业上年年末最后一次抄表例日至本年年末最后一次抄表例日,作为一个执行年度;使用实收制量控卡表的居民用户,以日历年度为执行年度。

(2) 年分档电量的确定。年分档电量按月度电量标准乘以实际月份计算,用电不足一个月的按一个月计算。

居民用户申请办理新装业务时，按新装业务电网企业归档之日起的当年执行年度实际用电月数计算分档电量。

居民用户申请办理改为非居民用电的改类业务，电网企业应按改类前当年执行年度居民用电的实际用电月数进行电费清算，待居民用户结清全部电费后，办理改类业务；非居民用户申请办理改为居民用电的改类业务时，按改类业务受理之日起当年执行年度的实际用电月数计算分档电量。

居民用户申请办理更名、过户业务时，电网企业应按原居民用户当年执行年度的实际用电月数进行电费清算，待原居民用户结清全部电费后，受理更名、过户业务；新居民用户应重新签订供用电合同，按更名、过户业务受理之日起当年执行年度的实际用电月数计算分档电量。

居民用户申请办理销户业务时，电网企业应按用户当年执行年度的实际用电月数进行电费清算，用户结清全部电费后办理销户业务。

房屋出租发生租赁关系时，租赁双方应注意分档电量剩余情况及电价水平。电网企业不因租赁关系的产生、变更或解除重新核算阶梯电量分档基数。

（3）年累计用电量的确定。自每个执行年度起，抄表收费的居民用户按照每月用电量（使用实收制量控式卡表的居民用户按照每次购电量）之和计算，累计超过分档标准电量后，执行二档或三档电价。

（4）使用实收制量控式卡表居民用户，以日历年度为周期购买电量，以各档购电量执行阶梯电价。执行年度内第一档和第二档的未购电量，跨年度不结转。

3. 电量分档和电价标准

居民用户每月用电量划分为三档，电价实行分档递增。

第一档：电量每户每月 210 千瓦时及以下，电价不变，执行每千瓦时 0.5469 元（含税，下同）；

第二档：电量每户每月 210～400 千瓦时之间，在第一档电价基础上，每千瓦时加价 0.05 元；

第三档：电量每户每月 400 千瓦时以上，在第一档电价基础上，每千瓦时加价 0.3 元。

“一户一表”居民用户按电网企业抄表周期正常交纳电费，年用电量 2520 千瓦时及以下执行电价为每千瓦时 0.5469 元；2520～4800 千瓦时部分执行第二档电量加价标准，为每千瓦时 0.5969 元；超过 4800 千瓦时部分执行第三档电量加价标准，为每千瓦时 0.8469 元。使用量控式卡表与电网企业结算的居民用户，以年度购电量执行上述标准。

4. 其他事项

（1）户籍人口 5 人及以上的“一户一表”居民用户，第一档电量每月增加 100～310 千瓦时，第二档电量为 310～400 千瓦时之间，第三档为 400 千瓦时以上，加价标准不变。

对符合户籍“一户多人口”用电政策的居民用户，可凭借居民户口簿原件（或居住证，下同）、房产证原件及房屋产权人身份证原件，到当地电力营业厅办理认定手续。居民用户的户口簿地址、房产证地址和用电地址应当一致（因道路名称变更导致的不一致除外）。相同人员、不同用电地址不得重复申请。“一户多人口”政策自受理的次月起执行。

各地区公租房、廉租房居民用户申请“一户多人口”用电政策，应提供与政府部门签订的租房合同和居民户口簿原件，租房合同中的地址应当与用电地址一致。因历史原因没有房产证的居民用户，如用电地址与户口簿地址相同，可以申请办理“一户多人口”用电政策。

居民用户每两年应到当地电力营业厅办理“一户多人口”用电政策续期手续。逾期未办理的，将不再按“一户多人口”用电政策执行。

（2）不具备集中供暖条件、2012 年 7 月 1 日前采用电锅炉、电地热等方式取暖的“一户一表”居民用户，按照《山东省发展和改革委员会关于完善清洁取暖价格政策的通知》（鲁发改价格〔2018〕1269 号）中“一户一表”居民电代煤用户电价政策执行。

（3）未实行“一户一表”用户（以下统称“合表用户”），变压器产权所有者（或委托物业公司，以下统称“转供电单位”）不得对其执行阶梯电价。合表用户到户电价（最终电价），按居民生活用电类别合表用户不满 1 千伏电压等级电价标准执行（现行标准为每千瓦时 0.555 元），任何单位和个人不得在此基础上加收其他任何费用。

合表用户改造为“一户一表”用户过程中，电网企业不得向居民用户收取电表改造费用。

（4）对全省城乡“低保户”和农村“五保户”等困难群体（包括“一户一表”用户及合表用户）设置每户每月 15 度免费用电基数。具体按照《关于做好居民阶梯电价全省城乡“低保户”和农村“五保户”免费电量款发放工作的通知》（鲁价综发〔2014〕10 号）、《关于对困难职工家庭实施“精准帮扶”的通知》（鲁会〔2017〕65 号）规定执行。

（5）实施居民阶梯电价后电网企业增加的收入，主要用于环保电价补贴、居民用户电表改造、免费电量款返还等项目支出。

（二）炼化、焦化企业生产用电实行基于能耗指标的阶梯电价政策（鲁发改价格〔2018〕1451 号）

1. 阶梯电价政策

（1）对炼化企业实行基于炼油企业单位能量因数能耗标准的

阶梯电价政策。企业单位能耗不高于10.17千克标准油/吨能量因数的，用电不加价；10.17～11.3（含）千克标准油/吨能量因数的，用电每千瓦时加价0.05元（含税，下同）；高于11.3千克标准油/吨能量因数的，用电每千瓦时加价0.1元。

（2）对焦化企业实行基于焦炭单位产品能耗标准的阶梯电价政策。

顶装焦炉。单位能耗不高于135千克标准煤/吨的，其用电不加价；135～145（含）千克标准煤/吨的，其用电每千瓦时加价0.05元；高于145千克标准煤/吨的，其用电每千瓦时加价0.1元。

捣固焦炉。单位能耗不高于140千克标准煤/吨的，其用电不加价；140～150（含）千克标准煤/吨的，其用电每千瓦时加价0.05元；高于150千克标准煤/吨的，其用电每千瓦时加价0.1元。

2. 工作流程

（1）每年9月30日前，省能源局对全省炼化、焦化企业上一年能耗指标进行统计，并将相关企业能耗情况函告省发改委。

（2）省发改委依据省能源局提供的统计情况，明确相关企业应执行的电价标准，并向社会公布。

（3）国网山东省电力公司根据公布的企业名单、加价标准，按照企业生产用电量（含市场化电量、自备电厂自发自用电量）及时收取加价电费。

3. 其他事项

（1）相关企业用电阶梯电价按年执行，每年根据上年实际能耗情况执行相应的电价标准。

（2）省发改委会同省能源局，根据全省炼化、焦化行业供给侧结构性改革进展情况，适时调整能耗和加价标准。

（3）政策执行过程中遇到的问题及建议，请及时报告省发改委、省能源局。

（三）电解铝企业用电实行阶梯电价政策（发改价格〔2013〕2530号，鲁价格一发〔2014〕20号）

1. 阶梯电价政策

（1）电解铝企业铝液电解交流电耗不高于每吨13700千瓦时的，其铝液电解用电（含来自自备电厂电量）不加价；高于每吨13700千瓦时但不高于13800千瓦时的，其铝液电解用电每千瓦时加价0.02元；高于每吨13800千瓦时的，其铝液电解用电每千瓦时加价0.08元。

（2）电解铝企业用电阶梯电价按年执行，每年根据上年实际电耗水平执行相应的电价标准。

2. 相关工作程序

（1）自2014年起，每年第一季度内，省经济和信息化委对省内所有电解铝企业上一年铝液生产量及耗电量进行统计、核查，确定其吨铝液电解交流电耗，并将相关情况函告省发改委。

（2）每年4月15日前，省发改委依据省经济和信息化委提供的统计核实情况，明确电解铝企业应执行的电价标准，向社会公布，并报国家发改委、工业和信息化部备案。

（3）国网山东省电力公司要做好电解铝企业铝液电解用电计量工作，并依据省发改委公布的企业名单和电价标准，按照抄见的铝液电解用电量（含来自自备电厂电量）及时收取加价电费。

3. 其他事项

（1）电解铝企业用电实行阶梯电价政策，对化解产能过剩、加快转型升级、促进技术进步、提高能效水平等方面具有积极作用。有关单位要高度重视，建立健全相关配套制度，认真做好相关工作。

（2）实施阶梯电价政策加价电费资金管理使用办法另行制定。

（3）其他事项按照发改价格〔2013〕2530号文件有关规定

执行。

（四）水泥企业用电阶梯电价政策（发改价格〔2016〕75号，工信厅联节〔2016〕139号）

1. 对《产业结构调整指导目录（2011年本）（修正）》明确淘汰的利用水泥立窑、干法中空窑、立波尔窑、湿法窑生产熟料的企业以外的通用硅酸盐水泥生产企业生产用电实行基于可比熟料（水泥）综合电耗水平标准的阶梯电价政策。

2. 水泥企业用电阶梯电价按年度执行，数据的核算基期为上一年度1月1日起至12月31日止。

3. 国家将根据情况适时调整水泥企业用电实行阶梯电价政策的电耗分档和加价标准。

其他规定详见发改价格〔2016〕75号文件。

（五）钢铁行业阶梯电价政策（改价格〔2016〕2803号，鲁价格一发〔2017〕13号）

1. 实行阶梯电价政策

对列入《产业结构调整指导目录（2011年本）（修正）》钢铁行业淘汰类、限制类装置所属企业生产用电继续执行差别电价。对执行差别电价以外的钢铁企业（以下简称"其他类钢铁企业"）生产用电，实行基于粗钢生产主要工序单位产品能耗水平的阶梯电价政策。对钢铁企业生产用电按工序能耗分别设定三档电价，其中：第一档不加价，第二档加价0.05元，第三档加价0.1元。

2. 工作流程

（1）每年7月1日前，省经济和信息化委根据国家有关规定，将淘汰类、限制类、未按期完成化解过剩产能任务的钢铁企业名单（含具体用电地址），以及其他类钢铁企业的投产时间、主要工序、单位产品能耗等情况向社会公布，并函告省发改委，报国家发改委、工业和信息化部备案。

(2) 省发改委根据省经济和信息化委提供的核查情况，通知国网山东省电力公司对相关钢铁企业执行差别电价、阶梯电价政策。

(3) 国网山东省电力公司根据公布的企业名单、加价标准，按照钢铁企业生产用电量（含市场化交易电量）及时收取加价电费。

3. 未尽事宜，按照发改价格〔2016〕2803 号文件有关规定执行。

七、两部制电价用户基本电价（发改办价格〔2016〕1583 号，鲁价格一发〔2016〕76 号）

（一）放宽基本电价计费方式变更周期限制

1. 基本电价按变压器容量或按最大需量计费，由用户选择。基本电价计费方式变更周期从现行按年调整为按季变更，电力用户可提前 15 个工作日向电网企业申请变更后三个月的基本电价计费方式。

2. 电力用户选择按最大需量方式计收基本电费的，应与电网企业签订合同，并按合同最大需量计收基本电费。合同最大需量核定值变更周期从现行按半年调整为按月变更，电力用户可提前 5 个工作日向电网企业申请变更下一个月（抄表周期）的合同最大需量核定值。电力用户实际最大需量超过合同确定值 105% 时，超过 105% 部分的基本电费加一倍收取；未超过合同确定值 105% 的，按合同确定值收取；申请最大需量核定值低于变压器容量和高压电动机容量总和的 40% 时，按容量总和的 40% 核定合同最大需量；对按最大需量计费的两路及以上进线用户，各路进线分别计算最大需量，累加计收基本电费。

（二）放宽减容（暂停）期限限制

1. 电力用户（含新装、增容用户）可根据用电需求变化情况，提前5个工作日向电网企业申请减容、暂停、减容恢复、暂停恢复用电，暂停用电必须是整台或整组变压器停止运行，减容必须是整台或整组变压器的停止或更换小容量变压器用电。电力用户减容两年内恢复的，按减容恢复办理；超过两年的按新装或增容手续办理。

2. 电力用户申请暂停时间每次应不少于十五日，每一日历年内累计不超过六个月，超过六个月的可由用户申请办理减容。减容期限不受时间限制。

3. 减容（暂停）后容量达不到实施两部制电价规定容量标准的，应改为相应用电类别单一制电价计费，并执行相应的分类电价标准。减容（暂停）后执行最大需量计量方式的，合同最大需量按照减容（暂停）后总容量申报。

4. 减容（暂停）设备自设备加封之日起，减容（暂停）部分免收基本电费。

附件：山东省电网企业代理购电指南（鲁发改价格〔2022〕1077号）

山东省电网企业代理购电工作指南

第一章 总 则

第一条 为规范我省电网企业代理购电交易，维护发用电市场主体合法权益，促进电力市场规范平稳运行和加快建设发展，根据《国家发展改革委关于进一步深化燃煤发电上网电价市场化改革的通知》(发改价格〔2021〕1439号)、《国家发展改革委办公厅关于组织开展电网企业代理购电工作有关事项的通知》(发改办价格〔2021〕809号)、《国家发展改革委办公厅关于进一步做好电网企业代理购电工作的通知》(发改办价格〔2022〕1047号)等文件规定,结合我省实际,制定本指南。

第二条　本指南适用于国网山东省电力公司(以下简称电网企业)针对暂未直接参与市场交易工商业用户代理购电,以及居民(含执行居民电价的非居民用户,下同)、农业用电等保障性电量(含全网线损,以下简称保障性电量)购电工作。

第二章　代理购电关系的建立

第三条　10千伏及以上工商业用户(以下简称用户)原则上要直接参与市场交易(直接向发电企业或售电公司购电,下同),鼓励其他用户直接参与市场交易。暂未直接参与市场交易的用户、已直接参与市场交易又退出的用户,由电网企业代理购电。

第四条　未在电力交易平台注册也未与电网企业签订代理购电合同的用户,默认由电网企业代理购电。

第五条　业扩新装及过户用户未直接参与市场交易的,由电网企业代理购电。电网企业在用户办电、过户时应主动告知市场交易、代理购电政策。

第六条　代理购电用户可在每季度最后15日前选择下一季度起直接参与市场交易,电网企业代理购电相应终止。山东电力交易中心应将上述变更信息于2日内告知电网企业。

第七条　直接参与市场交易用户转为电网企业代理的,山东电力交易中心应于每月15日前将用户变更信息告知电网企业。

第八条　电网企业代理购电前,应在山东电力交易平台完成注册。代理购电用户暂不需在交易平台进行注册。

第三章　代理购电电量测算及采购

第九条　电网企业要综合考虑代理购电规模、保障性电量和优先发电电量等因素，合理确定市场化采购电量规模。

第十条　电网企业应按月分别测算代理购电用户用电量及负荷曲线，单独测算保障性电量规模。

第十一条　居民、农业用电由电网企业保障，按购电来源(可再生能源（含小水电、抽蓄)、核电、“三余”机组、省外购电等优先发电电量）价格从低到高排序，按电量足额匹配原则匹配保障性电量。匹配后盈亏电量，按市场规则规定处理。

第十二条　电网企业主要通过参与场内集中交易方式代理购电，以报量不报价方式，作为价格接受者参与市场出清。电网企业参与场内集中交易后，申报电量未成交缺口部分按市场化机组剩余容量等比例分摊，价格按市场同类型交易加权平均价格执行。

第十三条　山东电力交易中心应合理组织，确保电网企业代理购电及时完成交易，电网企业代理购电参与的月度交易成交最晚时限为月底前5个工作日。

第十四条　电网企业应加快推动代理购电用户分时计量装置改造，在具备全量分时计量、结算条件前，可通过典型用电曲线方式结算。具备分时计量、结算条件的通过采集系统获取曲线，不具备的通过峰谷电量拟合方式获取，两者曲线叠加形成代理购电典型用电曲线。

第四章　代理购电用户终端价格

第十五条　代理购电用户终端价格主要由代理购电价格（含市场偏差费用、辅助服务费用等，下同)、容量补偿电价、输配电价（含线损、政策性交叉补贴，下同)、政府性基金及附加、代理购电综合损益分摊标准（含代理购电损益分摊标准、保障性电量新增损益分摊标准、容量补偿电价峰谷损益分摊标准）等组成。

P代理购电用户终端价格 = P代理购电价格 + P容量补偿电价 + P输配电价 + P政府性基金及附加 + P代理购电综合损益分摊标准等

第十六条　代理购电用户分时电价，以及输配电价、政府性基金及附加根据现行有关规定执行。

第十七条　代理购电用户执行差别电价、惩罚性电价、阶梯电价的，加价标准按现行有关规定执行。已直接参与市场交易改由电网企业代理购电的用户；拥有燃煤发电自备电厂，由电网企业代理购电的用户；暂无法参与市场的高耗能用户，由电网企业代理购电的，代理购电价格按1.5倍执行。

第十八条　直接参与市场交易用户过户的，电网企业应及时将过户变更信息告知山东电力交易中心。过户后的新户未直接参与电力市场交易的，由电网企业代理购电并执行代理用户终端价格。

第十九条　电网企业代理购电的用户应与直接参与市场交易的用户公平承担可再生能源消纳权重责任。

第五章　代理购电价格及损益分摊

第二十条　代理购电价格由电网企业根据月度、分时段用电量以及市场化采购电量预测数据，结合市场交易情况按月测算。

P代理购电价格 = （P中长期交易加权平均价格 × Q代理参与中长期交易电量 + P代理购电政府授权合约平均价格 × Q代理购电政府授权合约电量 + P预测市场日前、实时价格 × Q代理参与日前、实时电量 + R市场偏差费用） ÷ Q代理预测总电量

P预测市场日前、实时价格，是指根据电力现货市场规则规

定，对代理购电日前、实时偏差电量交易价格和相关费用进行预测形成的价格。

R市场偏差费用，是指根据电力现货市场规则规定，应由参与市场购电市场主体承担的因市场运行产生的费用。

第二十一条　电网企业应根据代理购电实际结算的购电价格和电量，计算实际购电价格与向用户传导的测算购电价格偏差损益、代理购电价格执行峰谷的损益，逐月向代理购电用户分摊（分享）。工商业用户（电网企业代理购电用户、直接参与电力市场交易用户）容量补偿电价峰谷损益由全体工商业用户分摊（分享），并逐月清算。电网企业要保持代理工商业用户销售电价相对稳定，对影响较大的因素可跨月分摊（分享），原则上不超过三个月。

P代理购电损益分摊标准＝R需分摊损益÷Q代理用户电量

R需分摊损益＝Q代理购电电量×（P实际购电价格－P测算购电价格）＋R代理购电价格峰谷损益

P容量补偿电价峰谷损益分摊标准＝R容量补偿电价峰谷损益÷Q全体工商业用户电量

R容量补偿电价峰谷损益＝Q全体工商业购电电量×（P容量补偿电价－P容量补偿电价峰谷均价）

第六章　保障性电量价格及损益分摊

第二十二条　居民、农业用户用电价格保持基本稳定，继续执行现行目录销售电价，不承担电力市场费用分摊（分享）。

第二十三条　执行保量保价的优先发电电量继续按现行价格机制由电网企业收购，用于保障居民、农业用户用电。保障性电量实际购入价格变动引起的新增损益（含偏差电费，下同），按月由全体工商业用户（代理购电用户、直接参加电力市场交易用户，下同）分摊（分享）。

第二十四条　电网企业代理 1.5 倍用户的增收收入（0.5 倍部分），以及政府授权合约价差盈亏纳入保障性电量新增损益。

第二十五条　电网企业应根据保障性电量保供电源匹配情况，提前测算次月保障性购电均价，计算与基准购电价格偏差产生的损益，以次月测算的全体工商业用户电量确定分摊标准，向全体工商业用户分摊（分享），并逐月清算。电网公司要保障分摊（分享）标准水平相对稳定，对影响较大的因素可跨月分摊（分享），原则上不超过三个月。涉及年度集中支付或补贴性质的费用，可按预计标准逐月分摊，年度清算。

P 保障性电量新增损益分摊标准 =（R 预测分摊损益 + R 保障性清算损益）÷Q 全部工商业用户预测电量

R 预测分摊损益 = R 预测价格变动损益 − R1.5 倍用户代理购电收益

R 预测价格变动损益 = Q 保障性电量预测购入电量 ×（P 保障性电量预测购入价格 − P 保障性电量基准电价）+ Q 政府性授权合约购入电量 ×（P 政府授权合约预测购入价格 − P 政府授权合约预测售出电价）

R1.5 倍用户代理购电收益 = Q1.5 倍用户用电量 × P 代理购电价格 ×0.5

R 保障性清算损益 = 保障性新增预测损益清算偏差资金

第七章　政策宣传与信息披露

第二十六条　电网企业应通过营业场所、手机 App、供电服务热线等多种渠道，开展政策宣传，鼓励工商业用户直接参与市场交易。

第二十七条　电网企业应及时公开代理购电相关信息，每月月末 3 日前通过营业厅等线上线下渠道向社会发布：代理购电用户终端价格、代理用户分月总电量预测、采购电量来源、代理购电价格、容量补偿电价、容量补偿电价峰谷损益分摊标准、保障性电量新增损益分摊标准、代理购电损益分摊标准等。

第二十八条 电网企业应规范代理购电流程，单独归集、单独反映代理购电机制执行情况。每季度结束30日内，向省发改委报告上一季度代理购电完成、变化以及预测偏差等情况。

第二十九条 电网企业应加快建立健全保障代理购电机制平稳运行的组织机构，及时调整营销管理系统，重点优化电费结算功能，积极推进表计设施改造，确保在用户电费账单中清晰列示代理购电电费明细情况。

第三节 发电（上网）价格政策

一、燃煤发电上网电价政策（发改价格〔2021〕1439 号、鲁发改价格〔2021〕893 号，鲁发改价格函〔2022〕167 号）

（一）全面放开燃煤发电上网电价

1. 自 2021 年 10 月 15 日起，放开全部燃煤发电机组上网电价，相关机组全部参与电力市场交易，其上网电价在“基准价 + 上下浮动”范围内形成。

2. 山东燃煤发电基准价保持稳定，继续按照每千瓦时 0. 3949 元（含税，下同）标准执行，最高价格调整为 0. 4739 元（上浮 20%），最低价格调整为 0. 3159 元（下浮 20%）。燃煤发电企业与高耗能企业开展交易的，交易电价不受上浮 20% 限制。

（二）自 2021 年 10 月 15 日起，放开全部燃煤发电上网电价后，发电企业（含跨省跨区燃煤送电机组）上网电价（电能量交易价格）均包含脱硫、脱硝、除尘电价和超低排放电价，电网企业不再单独向发电企业结算超低排放电价。

（三）自 2021 年 10 月 15 日起，省内公用燃煤发电机组调试运行期结束后参与电力市场交易前，其间上网电价暂按每千瓦时 0.3679 元执行，企业环保设施验收合格的，可自主向电网企业申请执行环保电价，环保电价自环保验收合格之日起执行。上述上网电量暂由电网企业统一收购，用于匹配居民、农业用电等保障性电量。公用燃煤发电机组自主参与市场报价的，上网电价按市场规则执行。

二、垃圾焚烧发电电价政策

（一）电价补贴电量清算（鲁发改价格〔2019〕158 号）

1. 垃圾焚烧发电电价补贴电量核定方式

（1）以生活垃圾为原料的垃圾焚烧发电项目，每吨生活垃圾折算上网电量 280 千瓦时，并执行全国统一垃圾发电标杆电价每千瓦时 0.65 元（含税，下同）；其余上网电量执行燃煤机组标杆上网电价。

当以垃圾处理量折算的上网电量低于实际上网电量的 50%时，视为常规发电项目，不得享受垃圾发电价格补贴；当折算上网电量高于实际上网电量的 50%且低于实际上网电量时，以折算的上网电量作为垃圾发电上网电量；当折算上网电量高于实际上网电量时，以实际上网电量作为垃圾发电上网电量。

（2）垃圾焚烧发电项目电价补贴，按照“先补后核，年终清算”原则执行。即：垃圾焚烧发电标杆电价每千瓦时 0.65 元中，省级负担的 0.1 元，由电网企业随燃煤机组标杆上网电价定期结算；可再生能源电价附加补助部分按照财政部、国家发改委、国家能源局《可再生能源电价附加补助资金管理暂行办法》（财建〔2012〕102 号）规定执行。

各市发改委依据垃圾发电项目核准文件、垃圾处理合同，以及当地有关部门支付垃圾处理费的银行转账单等，对垃圾处理量、电价补贴电量进行年终清算。

2. 工作流程

（1）垃圾焚烧发电企业。每季度结束20日内，向发电企业所在地市发改委报送季度生产情况快报；每年3月31日前，向市发改委提报上年度电价补贴电量清算申请。

（2）市发改委。定期汇总辖区垃圾焚烧发电企业季度生产情况快报，并报送省发改委（价格管理处，下同）。每年4月30日前，完成相关企业电价补贴电量清算，并将清算结果以正式文件函告当地电网企业，垃圾焚烧发电项目电价补贴电量清算申报表（1~5项，电子版）同时报省发改委。

（3）各市电网企业。根据清算结果，对核定补贴电量低于实际上网电量的垃圾焚烧发电企业电价补贴进行扣减。5月31日前未收到市发改委上年清算结果的，自次月起暂停相关企业燃煤标杆电价以上部分电费结算。

（二）垃圾焚烧发电企业电价补贴电量清算申请需准备的材料

1. ××企业关于生活垃圾焚烧发电项目××年度电价补贴电量清算的申请。

2. 垃圾焚烧发电项目季度生产情况快报。

3. 垃圾焚烧发电项目电价补贴电量清算申报表。

（1）企业概况及年度运营基本情况；

（2）运营情况调查填报表；

（3）生产成本调查填报表；

（4）电价补贴电量情况汇总表；

（5）垃圾处理费情况汇总表；

（6）特许经营协议复印件；

（7）垃圾处理费结算单复印件；

（8）垃圾处理费银行转账单复印件；

（9）国网电费结算通知单复印件。

4. 垃圾焚烧发电项目电价补贴电量清算核定表。每份材料正反面打印，加盖发电企业公章；每本材料加盖骑缝章；上报材料一式五份。

三、新能源发电电价政策

（一）风电光伏发电上网标杆电价政策（发改价格〔2015〕3044 号）

实行陆上风电、光伏发电（光伏电站）上网标杆电价随发展规模逐步降低的价格政策。

陆上风电、光伏发电上网电价在当地燃煤机组标杆上网电价（含脱硫、脱硝、除尘）以内的部分，由当地省级电网结算；高出部分通过国家可再生能源发展基金予以补贴。

自 2016 年 1 月 1 日起，国家、省价格主管部门每年出台当年新的风电光伏发电上网电价政策，当年新备的案集中式光伏电站、工商业分布式光伏项目和新核准的陆上风电项目（简称“新建项目”）执行当年价格政策。实行老项目执行老价格政策，新项目执行新价格政策的办法。

（二）现行新能源上网电价政策（发改价格〔2021〕833 号，鲁发改价格〔2021〕553 号）

1. 自 2021 年起，对新备案集中式光伏电站、工商业分布式光伏项目和新核准陆上风电项目（简称“新建项目”），中央财政不再补贴，实行平价上网。

2. 2021 年新建项目上网电价，按当地燃煤发电基准价执行（山东现行标准为每千瓦时 0. 3949 元）；新建项目可自愿通过参与市场化交易形成上网电价，以更好体现光伏发电、风电的绿色电力价值。

3. 自2021年起，新核准（备案）海上风电项目、光热发电项目上网电价由当地省级价格主管部门制定，具备条件的可通过竞争性配置方式形成，上网电价高于当地燃煤发电基准价的，基准价以内的部分由电网企业结算。

4. 鼓励各地出台针对性扶持政策，支持光伏发电、陆上风电、海上风电、光热发电等新能源产业持续健康发展。

四、环保电价

（一）环保电价政策（发改价格〔2014〕536号）

适用于符合国家建设管理规定的燃煤发电机组（含循环流化床燃煤发电机组，不含以生物质、垃圾、煤气等燃料为主掺烧部分煤炭的发电机组）脱硫、脱硝、除尘电价（简称“环保电价”）及脱硫、脱硝、除尘设施（简称“环保设施”）运行管理。

燃煤发电机组新建或改造环保设施实行环保电价加价政策。电网企业自验收合格之日起分别支付脱硫、脱硝、除尘电价每千瓦时1.5分钱、1分钱和0.2分钱。（鲁价格发〔2011〕209号，鲁价格一发〔2013〕113号）

电网企业应严格执行价格主管部门确定的环保电价，以燃煤发电企业实际上网电量按月支付环保电价款，并及时向省级价格和环保主管部门提供燃煤发电机组污染物排放浓度小时均值超限值时段所对应的日均电量。

（二）环保电价执行程序（鲁价格一发〔2018〕59号，鲁价格一发〔2018〕101号）

1. 环保电价申请条件

（1）新建燃煤发电机组或燃煤发电机组脱硫、脱硝、除尘及超低排放改造项目竣工环保验收应当按照《建设项目竣工环境保护验收暂行办法》的规定开展。项目竣工环保验收监测报告应当委托具备相应监测能力的检测机构承担，其中涉及超低排放改造的，所委托的检测机构应当具备超低排放监测能力。检测机构开展现场监测工作，应当保存原始监测记录及现场监测图片等原始资料，并提供发电企业留存备查。

（2）燃煤发电机组外排烟气中污染物排放浓度符合相关排放标准限值要求；符合《燃煤发电机组环保电价及环保设施运行监管办法》（发改价格〔2014〕536 号）和《关于实行燃煤电厂超低排放电价支持政策有关问题的通知》（发改价格〔2015〕2835 号）等文件规定要求，安装运行烟气排放连续监测系统（以下简称“CEMS”），并与省级环境保护主管部门联网，实时传输数据，CEMS 的技术性能、安装运行和质量保证应符合相关技术规范的要求。存储保留完整的分布式控制系统（DCS）历史数据一年以上。按规定建立燃煤机组生产运行、环保设施运行台账，运行台账逐月归档管理。

2. 环保电价申请程序

符合上述条件的燃煤发电企业，可向项目所在地市级价格主管部门提出书面申请，并提供燃煤机组脱硫、脱硝、除尘或超低排放改造环境保护竣工验收监测报告、验收合格意见、CEMS 设备验收合格材料、所委托检测机构监测能力证明、现场原始监测记录及现场监测图片等原始资料。

市级价格主管部门初审汇总后报省级价格主管部门（相关材料同时抄送市环保局）。符合环保电价执行条件的，由省级价格主管部门函告国网山东省电力公司，自企业自主验收合格之日起执行环保电价，机组名单同时抄送省环保厅。[各市价格主管部门根据（鲁价格一发〔2018〕59 号）文件要求，对企业申报材料进行审核，填报企业环保电价申报材料审核情况汇总表，以正式文件

上报省级价格主管部门]

企业申报材料由各市留存归档，以备抽查。后经发现企业申报资料不实的，扣减已经下达的环保电价补贴。

3. 其他事项

（1）本规定适用于2017年10月1日（含）起脱硫、脱硝、除尘及超低排放环保设施自主验收后，申请环保电价的燃煤发电机组。2017年10月1日前符合上述条件，未报经省环保厅函告省级价格主管部门执行环保电价的燃煤发电机组，可根据本通知要求申请执行环保电价，环保电价自2017年10月1日起执行。

（2）执行超低排放电价的燃煤发电机组，由省环保厅每季度向国网山东省电力公司提供燃煤发电机组污染物排放浓度小时均值超限值时段，同时抄送省级价格主管部门。国网山东省电力公司按国家有关规定及时兑现加价资金。

（3）未尽事宜，按照国家《燃煤发电机组环保电价及环保设施运行监管办法》（发改价格〔2014〕536号）、《关于实行燃煤电厂超低排放电价支持政策有关问题的通知》（发改价格〔2015〕2835号）有关规定执行。后期国家对燃煤发电机组环保设施自主验收后环保电价执行程序另有规定的，按国家规定执行。

（三）发电企业申报环保电价需准备的材料包括：目录；市发改部门关于环保电价的请示报告；发电企业向市发改部门提出的书面申请（正式文件）；供电公司并网调度协议（滨州市）；对发电企业超低排放工程环保审核（审查）意见；燃煤机组脱硫、脱硝、除尘或超低排放改造环境保护竣工验收监测报告、验收合格意见、CEMS设备验收合格材料、所委托检测机构监测能力证明、现场原始监测记录及现场监测图片等原始资料；其他需要上报的材料。

五、天然气发电价格政策（发改价格〔2014〕3009号，鲁发改价格〔2022〕154号）

（一）电价政策

重型燃气轮机发电机组执行两部制上网电价政策。具体包括：

1. 电量电价。机组参与电力现货市场交易的，电量电价（电能量价格）由发电企业与售电公司、电力用户通过市场化交易方式自主确定。日前、实时市场电能量申报价格下限为每千瓦时－0.08元（含税，下同），上限为每千瓦时1.3元。电能量申报价格上下限根据电力现货市场运行情况适时调整。

2. 容量电价。根据天然气发电成本、社会效益和用户承受能力等原则，容量目标电价暂定为28元/千瓦·月。容量目标电价（电费）优先通过电力现货市场容量补偿机制回收，回收金额达不到目标电价的，根据国家有关规定疏导解决；容量补偿超过目标电价的，多余部分当月不再支付，滚入后期回收金额不足时再予以结算。

（二）其他事项

1. 支持分布式燃气机组、“风光储燃一体化”项目自主参与电力市场交易。自发自用、余电上网模式的分布式燃气机组自发自用电量，暂免收系统备用费。

2. 天然气发电未参与市场交易的，上网电价按燃煤发电基准价执行，由国网山东省电力公司统一收购，用于居民、农业等保障性用户用电。

3. 密切跟踪企业参与电力市场交易情况，适时组织开展成本调查，支持首台套天然气发电机组并网后健康运营；综合考虑天然气发电规划和电力市场建设进程，适时完善电价政策，逐步推动天然气发电通过市场回收成本并获得合理收益。

（三）有关要求

1. 热电联产机组承担工业供热的，鼓励供热企业与用户直接交易，供热价格由企业与用户协商确定。具体管理方式由项目所在地发改部门根据供热价格管理权限予以明确。

2. 各级发改部门要采取多种方式，全面准确解读天然气发电上网电价政策，积极回应社会关切，引导行业和市场预期，为改革营造良好舆论环境。

第四节　补贴、减免等电价优惠政策

一、民生采暖型燃煤背压机组两部制电价政策（鲁发改价格〔2019〕905号）

对供暖季正常运行、非供暖季关停、环保设施全部验收合格、单机容量13.5万千瓦及以下的民生采暖型燃煤背压机组执行两部制电价，即非供暖季关停期间执行容量电价，其他时间按电量电价执行。

（一）电价政策

民生采暖型燃煤背压机组执行两部制电价政策，非供暖季（每年4—10月）关停期间执行容量电价，标准为10.80元（含税）/千瓦·月；其他时间按电量电价（已批复上网电价，下同）执行。

（二）项目确定

执行两部制电价的机组应当同时满足以下条件：供暖季正常运行、非供暖季关停，且正常运营一个供暖季以上；脱硫、脱硝、除尘、超低环保设施改造全部合格验收，并获得环保电价加价；单机容量为5万千瓦及以下的民生采暖型燃煤背压机组。

扩大执行范围：单机容量5～13.5万千瓦（含）的燃煤热电

联产机组（背压、高背压）。13.5 万千瓦及以下抽凝机组、13.5～30 万千瓦（含）燃煤热电联产机组（不分汽轮机类型）可参与试点。

1. 符合上述条件的机组，可于当年 4 月 1—30 日向项目所在地市发改委提出申请，并提报以下资料：企业基本情况，近三年成本、利润情况；机组核准文件；机组电价批复文件；机组上一年月度发电负荷曲线、供暖季电费结算发票（部分）。

2. 市发改委初核并汇总机组情况后，于 5 月 1—31 日向省发改委提出申请（附企业申报资料，含电子版）。

3. 省发改委根据各市上报情况，容量电费资金筹集规模，确定并公布新增执行两部制电价机组名单。新增机组名单每年集中公布一次，逾期当年不再受理。

（三）电费结算

1. 机组非供暖季因倒机维修等原因产生的上网电量，按已批复电量电价标准执行，当月产生的电费抵扣当月容量电费；因供暖时长不同或天气原因延长供暖时间产生的上网电量，按已批复电量电价标准执行，不抵扣容量电费。机组供暖季没有运行的，前一年容量电费不再结算。

2. 经省发改委确认并公布执行两部制电价政策的燃煤背压机组企业，自名单公布起次年，每年 2 月 1—28 日向项目所在地市发改委，提出上一年度非供暖季容量电费结算申请，并提报以下资料：上一年度企业经营情况、月度发电负荷曲线、月度上网电量结算情况、非供暖季机组运行情况、容量电费申请金额。

3. 市发改委会同当地电网企业，核对企业申报情况，提出补贴意见，并于 3 月 1—31 日上报省发改委。

4. 省发改委根据各市上报意见，确定各机组容量电费结算金额，函告国网山东省电力公司执行。

（四）发电企业民生采暖型燃煤背压机组申请“执行两部制电价政策”需准备的材料：（1）目录；（2）发电企业民生采暖型燃煤背压机组申请执行两部制电价政策的请示（正式文件）；（3）企业基本情况，近三年成本、利润情况；（4）机组核准文件；（5）机组电价批复文件；（6）机组上一年月度发电负荷曲线；（7）供暖季电费结算发票（部分）；（8）其他资料（税务登记证等）。

（五）经省发改委确认并公布执行两部制电价政策的燃煤背压机组企业申请“非供暖季容量电费”需准备的材料：（1）发电企业提出上一年度非供暖季容量电费结算申请（含容量电费申请金额，带文号）；（2）上一年度企业经营情况；（3）月度发电负荷曲线；（4）月度上网电量结算情况；（5）非供暖季机组运行情况。

二、蓄能（储能）电价政策

（一）抽水蓄能电站价格政策（发改价格〔2021〕633号）

抽水蓄能电站具有调峰、调频、调压、系统备用和黑启动等多种功能，是电力系统的主要调节电源。

1. 优化抽水蓄能两部制电价政策

（1）以竞争性方式形成电量电价。电量电价体现抽水蓄能电站提供调峰服务的价值，抽水蓄能电站通过电量电价回收抽水、发电的运行成本。

①发挥现货市场在电量电价形成中的作用。在电力现货市场运行的地方，抽水蓄能电站抽水电价、上网电价按现货市场价格及规则结算。抽水蓄能电站抽水电量不执行输配电价、不承担政府性基金及附加（下同）。

②现货市场尚未运行情况下引入竞争机制形成电量电价。在电力现货市场尚未运行的地方，抽水蓄能电站抽水电量可由电网

企业提供，抽水电价按燃煤发电基准价的75%执行，鼓励委托电网企业通过竞争性招标方式采购，抽水电价按中标电价执行，因调度等因素未使用的中标电量按燃煤发电基准价执行。抽水蓄能电站上网电量由电网企业收购，上网电价按燃煤发电基准价执行。由电网企业提供的抽水电量产生的损耗在核定省级电网输配电价时统筹考虑。

③合理确定服务多省区的抽水蓄能电站电量电价执行方式。需要在多个省区分摊容量电费（容量电价×机组容量，下同）的抽水蓄能电站，抽水电量、上网电量按容量电费分摊比例分摊至相关省级电网，抽水电价、上网电价在相关省级电网按上述电量电价机制执行。

（2）完善容量电价核定机制。容量电价体现抽水蓄能电站提供调频、调压、系统备用和黑启动等辅助服务的价值，抽水蓄能电站通过容量电价回收抽发运行成本外的其他成本并获得合理收益。

①对标行业先进水平合理核定容量电价。国家发改委根据《抽水蓄能容量电价核定办法》，在成本调查基础上，对标行业先进水平合理确定核价参数，按照经营期定价法核定抽水蓄能容量电价，并随省级电网输配电价监管周期同步调整。上一监管周期抽水蓄能电站可用率不达标的，适当降低核定容量电价水平。

②建立适应电力市场建设发展和产业发展需要的调整机制。适应电力市场建设发展进程和产业发展实际需要，适时降低或根据抽水蓄能电站主动要求降低政府核定容量电价覆盖电站机组设计容量的比例，以推动电站自主运用剩余机组容量参与电力市场，逐步实现电站主要通过参与市场回收成本、获得收益，促进抽水蓄能电站健康有序发展。

2. 抽水蓄能电站费用分摊疏导方式

（1）建立容量电费纳入输配电价回收的机制。政府核定的抽水蓄能容量电价对应的容量电费由电网企业支付，纳入省级电网输配电价回收。与输配电价核价周期保持衔接，在核定省级电网输配电价时统筹考虑未来三年新投产抽水蓄能电站容量电费。在第二监管周期（2020—2022 年）内陆续投产的抽水蓄能电站容量电费，在核定第三监管周期（2023—2025 年）省级电网输配电价时统筹考虑。

（2）建立相关收益分享机制。鼓励抽水蓄能电站参与辅助服务市场或辅助服务补偿机制，上一监管周期内形成的相应收益，以及执行抽水电价、上网电价形成的收益，20% 由抽水蓄能电站分享，80% 在下一监管周期核定电站容量电价时相应扣减，形成的亏损由抽水蓄能电站承担。

（3）完善容量电费在多个省级电网的分摊方式。根据功能和服务情况，抽水蓄能电站容量电费需要在多个省级电网分摊的，由我委组织相关省区协商确定分摊比例，或参照《区域电网输电价格定价办法》（发改价格〔2020〕100 号）明确的区域电网容量电费分摊比例合理确定。已经明确容量电费分摊比例的在运电站继续按现行分摊比例执行，并根据情况适时调整。

（4）完善容量电费在特定电源和电力系统间的分摊方式。根据项目核准文件，抽水蓄能电站明确同时服务于特定电源和电力系统的，应明确机组容量分摊比例，容量电费按容量分摊比例在特定电源和电力系统之间进行分摊。特定电源应分摊的容量电费由相关受益主体承担，并在核定抽水蓄能电站容量电价时相应扣减。

3. 强化抽水蓄能电站建设运行管理

（1）加强抽水蓄能电站建设管理。抽水蓄能电站建设应充分考虑电力系统需要、站址资源条件、项目经济性、当地电价承受能力等，统一规划、合理布局、有序建设，未纳入相关建设规划的项目不得建设。

（2）强化抽水蓄能电站运行管理。电网企业、抽水蓄能电站要着眼保障电力供应、确保电网安全、促进新能源消纳等，合理安排抽水蓄能电站运行，签订年度调度运行协议并对外公示，充分发挥抽水蓄能电站综合效益。国家能源局及其派出机构要进一步加强对抽水蓄能电站利用情况的监管和考核，对抽水蓄能电站作用发挥不充分的，及时责令改正，并依法进行处理。各地也要加强对抽水蓄能电站的运行管理。

（3）保障非电网投资抽水蓄能电站平稳运行。电网企业要与非电网投资主体投资建设的抽水蓄能电站签订规范的中长期购售电合同，坚持公平公开公正原则对抽水蓄能电站实施调度，严格执行我委核定的容量电价和根据本意见形成的电量电价，按月及时结算电费，保障非电网投资主体利益，调动社会资本参与抽水蓄能电站建设的积极性。

（4）推动抽水蓄能电站作为独立市场主体参与市场。各地价格主管部门、能源主管部门要按照职能分工，加快确立抽水蓄能电站独立市场主体地位，推动电站平等参与电力中长期交易、现货市场交易、辅助服务市场或辅助服务补偿机制。

（5）健全对抽水蓄能电站电价执行情况的监管。电网企业要对抽水蓄能电站电价结算单独归集、单独反映，于每年 4 月底前将上年度抽水蓄能电站电价执行情况报相关省级价格主管部门和国家发改委价格司。

（二）抽水蓄能容量电价核定办法

1. 抽水蓄能容量电价实行事前核定、定期调整的价格机制。电站投运后首次核定临时容量电价，在经成本调查后核定正式容量电价，并随省级电网输配电价监管周期同步调整。

2. 抽水蓄能容量电价按经营期定价法核定，即基于弥补成本、合理收益原则，按照资本金内部收益率对电站经营期内年度净现金流进行折现，以实现整个经营期现金流收支平衡为目标，核定电站容量电价。

3. 年净现金流。计算公式为

年净现金流 = 年现金流入 - 年现金流出

年现金流入和年现金流出均为不含税金额。

4. 年现金流入为实现累计净现金流折现值为零时的年平均收入水平，包括固定资产残值收入（仅经营期最后一年计入）。

固定资产残值收入 = 固定资产原值 × 残值率

5. 年现金流出。计算公式为

年现金流出 = 资本金投入 + 偿还的贷款本金 + 利息支出 + 运行维护费 + 税金及附加

6. 容量电价。计算公式为

不含税容量电价 = 年平均收入 ÷ 覆盖电站机组容量

含税容量电价 = 不含税容量电价 × （1 + 增值税率）

年平均收入不含固定资产残值收入。

7. 运行维护费。包括材料费、修理费、人工费和其他运营费用。

（1）材料费。指抽水蓄能电站提供服务所耗用的消耗性材料、事故备品等，包括因电站自行组织设备大修、抢修、日常检修发生的材料消耗和委托外部社会单位检修需要企业自行购买的材料费用。

（2）修理费。指维护和保持抽水蓄能电站相关设施正常工作状态所进行的外包修理活动发生的检修费用，不包括电站自行组织检修发生的材料消耗和人工费用。

（3）人工费。指从事抽水蓄能电站运行维护的职工发生的薪酬支出，包括工资总额（含津补贴）、职工福利费、职工教育经费、工会经费、社会保险费用、住房公积金，含劳务派遣及临时用工支出等。

（4）其他运营费用。指抽水蓄能电站正常运营发生的除材料费、修理费和人工费以外的费用。

8. 对标行业先进水平确定核价参数标准：

（1）电站经营期按40年核定，经营期内资本金内部收益率按6.5%核定，本意见印发之日前已核定容量电价的抽水蓄能电站维持原资本金内部收益率。

（2）电站投资和资本金分别按照经审计的竣工决算金额和实际投入资本金核定。

（3）贷款额据实核定，还贷期限按25年计算。在运电站加权平均贷款利率高于同期市场报价利率时，贷款利率按同期市场报价利率核定；反之按同期市场报价利率减二者差额的50%核定。

（4）运行维护费率（运行维护费除以固定资产原值的比例）按在运电站费率从低到高排名前50%的平均水平核定；《国家发展改革委关于完善抽水蓄能电站价格形成机制有关问题的通知》（发改价格〔2014〕1763号）印发前投产的在运电站费率按在运电站平均水平核定。

（5）税金及附加依据现行国家相关税收法律法规核定。

9. 临时容量电价的核价参数标准参照第8条和以下规定确定：

（1）电站投资按照政府主管部门批复的项目核准文件或施工图预算投资确定。资本金按照工程投资的20%计算。

（2）贷款利率和运行维护费率分别按上一监管周期核价确定值计算。

10. 运行维护费主要项目调查审核标准：

（1）材料费、修理费按剔除不合理因素后的调查期间平均值核定。特殊情况下，因不可抗力、政策性因素造成一次性费用过高的可分期分摊。

（2）工资水平（含津补贴）参照当地省级电网工资水平核定。职工福利费、职工教育经费、工会经费据实核定，但不得超过核定的工资总额和国家规定提取比例的乘积。

职工养老保险（包括补充养老保险）、医疗保险（包括补充医疗保险）、失业保险、工伤保险、生育保险、住房公积金等，审核计算基数按照企业实缴基数确定，但不得超过核定的工资总额和当地政府规定的基数，计算比例按照不超过国家或当地政府统一规定的比例确定。

劳务派遣、临时用工性质的用工支出如未包含在工资总额内，在不超过国家有关规定范围内按照企业实际发生数核定。

（3）价内税金。按照现行国家税法规定水平核定。

（4）无形资产摊销。无形资产的摊销年限，有法律法规规定或合同约定的，从其规定或约定；没有规定或约定的，原则上按不少于10年摊销。

（5）其他费用。按剔除不合理因素后的调查期间平均值核定。

（三）新型储能价格机制（发改办运行〔2022〕475号，鲁发改价格函〔2022〕107号）

1. 新型储能可作为独立储能参与电力市场。具备独立计量、控制等技术条件，接入调度自动化系统可被电网监控和调度，符合相关标准规范和电力市场运营机构等有关方面要求，具有法人资格的新型储能项目，可转为独立储能，作为独立主体参与电力市场。鼓励以配建形式存在的新型储能项目，通过技术改造满足同等技术条件和安全标准时，可选择转为独立储能项目。按照《国家发展改革委、国家能源局关于推进电力源网荷储一体化和多能互补发展的指导意见》（发改能源规〔2021〕280号）有关要求，涉及风光水火储多能互补一体化项目的储能，原则上暂不转为独立储能。

2. 鼓励配建新型储能与所属电源联合参与电力市场。以配建形式存在的新型储能项目，在完成站内计量、控制等相关系统改造并符合相关技术要求情况下，鼓励与所配建的其他类型电源联合并视为一个整体，按照现有相关规则参与电力市场。各地根据市场放开电源实际情况，鼓励新能源场站和配建储能联合参与市场，利用储能改善新能源涉网性能，保障新能源高效消纳利用。随着市场建设逐步成熟，鼓励探索同一储能主体可以按照部分容量独立、部分容量联合两种方式同时参与的市场模式。

3. 加快推动独立储能参与电力市场配合电网调峰。加快推动独立储能参与中长期市场和现货市场。鉴于现阶段储能容量相对较小，鼓励独立储能签订顶峰时段和低谷时段市场合约，发挥移峰填谷和顶峰发电作用。独立储能电站向电网送电的，其相应充电电量不承担输配电价和政府性基金及附加。

4. 充分发挥独立储能技术优势提供辅助服务。鼓励独立储能按照辅助服务市场规则或辅助服务管理细则，提供有功平衡服务、无功平衡服务和事故应急及恢复服务等辅助服务，以及在电网事故时提供快速有功响应服务。辅助服务费用应根据《电力辅助服务管理办法》有关规定，按照“谁提供、谁获利，谁受益、谁承担”的原则，由相关发电侧并网主体、电力用户合理分摊。

5. 自 2022 年 7 月 1 日起独立储能电站参与电力市场交易的，其向电网送电当月等充电电量不承担输配电价。其参与电力市场交易前，用电价格按电网企业代理购电工商业及其他用电类别单一制电价标准行。其他未尽事宜，根据发改办运行〔2022〕475 号文件规定行。

（本文新型储能，是指除抽水蓄能外以输出电力为主要形式，并对外提供服务的储能项目）

三、自备电厂价格政策（鲁发改价格〔2019〕1236号，鲁发改价格〔2022〕1051号）

（一）价格政策

1. 政策性交叉补贴。自备电厂企业按自发自用电量缴纳政策性交叉补贴，2020—2025年暂继续按每千瓦时0.05元（含税，下同）标准执行。

2. 系统备用费。并网自备电厂企业根据并网电压等级，按自发自用电量缴纳系统备用费，缴纳标准继续按现有水平执行。即，220千伏为每千瓦时0.02元，110千伏为0.03元，35千伏及以下为0.035元。

3. 上网电价和环保电价。并网自备电厂企业符合省能源局电力电量平衡方案有关要求，以满足电网供电需求为目的产生电量的上网电价，按基准价（不含脱硫、脱硝、除尘电价）执行。脱硫、脱硝、除尘、超低排放等环保设施验收合格的，执行相应环保电价加价政策（以下统称“环保电价”）。

（二）配套措施

1. 支持余热、余压、余气自备电厂健康发展。为促进和鼓励资源综合利用，对回收利用工业生产过程中产生可利用的热能、压差以及余气等建设相应规模的余热、余压、余气自备电厂，减免系统备用费和政策性交叉补贴。

2. 促进分布式能源发电有序发展。切实加快清洁能源资源就近高效利用，对分布式光伏、风电、沼气发电、天然气发电等清洁能源项目暂减免系统备用费。

3. 鼓励企业自备电厂转公用运行。企业自备电厂机组转公用运行的，由省能源局会同省发改委根据机组前三年最大自用电量，确定“改革过渡期价格扶持电量”（以下简称“扶持电量”），企业参加电力市场直接交易“扶持电量”输配电电度电价，第一年至第五年（每年按12个月计算）分别按公布标准的60%、60%、70%、80%、90%执行，第六年执行正常输配电价。企业实际用电量高于“扶持电量”的，超出部分执行正常输配电价；“扶持电量”高于企业实际用电量的，超出部分次年不结转、不得转让或交易给其他企业使用。企业选择拆除自备机组的，参照上述价格支持政策执行。

（三）工作程序

1. 为简化工作流程，省发改委不批复具体自备电厂企业上网电价。企业申请环保电价的，具体根据《关于燃煤发电机组环保设施自主验收后环保电价执行有关事项的通知》（鲁价格一发〔2018〕59号）、《关于完善环保电价申报执行程序的通知》（鲁价格一发〔2018〕101号）规定执行。

企业参与电力市场直接交易的，电价政策按电力市场交易规则有关规定执行。

2. 企业申请“扶持电量”的，具体根据《关于做好自备机组关停补偿电量和“扶持电量”政策衔接的通知》（鲁能源电力字〔2019〕226号）规定执行。

3. 企业申请减免政策性交叉补贴和系统备用费的，具体根据《关于明确临时接电费和自备电厂有关价格政策的通知》（鲁价格一发〔2017〕127号）规定执行。

（四）其他事项

1. 并网自备电厂在全额缴纳政策交叉补贴、系统备用费的基础上，执行环保电价、“扶持电量”等电价支持政策。

2. 自备电厂企业缴纳政府性基金及附加，按财政部门有关规定执行。

四、“三余”自备电厂价格政策（鲁发改价格〔2020〕1284）

（一）价格政策

对余热、余压、余气自备电厂（简称“三余”自备电厂）暂免收政策性交叉补贴和系统备用费，政策执行时间暂延长至2022年12月31日。

（二）申报流程

1. 符合条件的企业可向市级发改部门提出申请，并上报有关材料。

2. 市级发改部门对申报材料进行审核，并会同当地电网企业对项目工艺流程、资源利用类型进行核实，提出初审意见报省发改委。

3. 省发改委审定后，函告国网山东省电力公司相关企业名单和执行时间。

（三）申报免收政策性交叉补贴和系统备用费需筹备的材料（说明）

目录；企业向发改革部门提出的书面申请（正式文件）；项目核准（备案）文件；供电公司并网调度协议；工艺流程图及工艺说明；申报材料真实性承诺书；已经办理余热、余压、余气相关退税的企业，提供《税务资格备案表》、《退（抵）税申请审批表》（近期）；其他证明材料（营业执照等复印件）。

（四）复核

对之前经省发改委批复执行减免政策的“三余自备电厂”定期进行复核。企业“三余”性质发生变化，或停止运营的，不再执行相关减免政策。

五、可再生能源发电政策

可再生能源发电包括水力发电、风力发电、生物质能发电

（包括农林废弃物直接燃烧和气化发电、垃圾焚烧和垃圾填埋气发电、沼气发电）、太阳能发电、地热能发电和海洋能发电等。（水力发电价格单独出台规定）

（一）促进非水可再生能源发电健康发展（财建〔2020〕4号）

1. 完善现行补贴方式

（1）以收定支，合理确定新增补贴项目规模。根据可再生能源发展规划、补助资金年度增收水平等情况，合理确定补助资金当年支持新增项目种类和规模。财政部将同有关部门公布年度新增补贴总额。国家发改委、国家能源局在不超过年度补贴总额范围内，合理确定各类需补贴的可再生能源发电项目新增装机规模，并及早向社会公布，引导行业稳定发展。新增海上风电和光热项目不再纳入中央财政补贴范围，按规定完成核准（备案）并于2021年12月31日前全部机组完成并网的存量海上风力发电和太阳能光热发电项目，按相应价格政策纳入中央财政补贴范围。

（2）充分保障政策延续性和存量项目合理收益。已按规定核准（备案）、全部机组完成并网，同时经审核纳入补贴目录的可再生能源发电项目，按合理利用小时数核定中央财政补贴额度。对于自愿转为平价项目的存量项目，财政、能源主管部门将在补贴优先兑付、新增项目规模等方面给予政策支持。价格主管部门将根据行业发展需要和成本变化情况，及时完善垃圾焚烧发电价格形成机制。

（3）全面推行绿色电力证书交易。自2021年1月1日起，实行配额制下的绿色电力证书交易（以下简称“绿证”），同时研究将燃煤发电企业优先发电权、优先保障企业煤炭进口等与绿证挂钩，持续扩大绿证市场交易规模，并通过多种市场化方式推广绿证交易。企业通过绿证交易获得收入相应替代财政补贴。

2. 完善市场配置资源和补贴退坡机制

（1）持续推动陆上风电、光伏电站、工商业分布式光伏价格退坡。继续实施陆上风电、光伏电站、工商业分布式光伏等上网指导价退坡机制，合理设置退坡幅度，引导陆上风电、光伏电站、工商业分布式光伏尽快实现平价上网。

（2）积极支持户用分布式光伏发展。通过定额补贴方式，支持自然人安装使用“自发自用、余电上网”模式的户用分布式光伏设备。同时，根据行业技术进步、成本变化以及户用光伏市场情况，及时调整自然人分布式光伏发电项目定额补贴标准。

（3）通过竞争性方式配置新增项目。在年度补贴资金总额确定的情况下，进一步完善非水可再生能源发电项目的市场化配置机制，通过市场竞争的方式优先选择补贴强度低、退坡幅度大、技术水平高的项目。

3. 优化补贴兑付流程

（1）简化目录制管理。国家不再发布可再生能源电价附加目录。所有可再生能源项目通过国家可再生能源信息管理平台填报电价附加申请信息。电网企业根据财政部等部门确定的原则，依照项目类型、并网时间、技术水平等条件，确定并定期向全社会公开符合补助条件的可再生能源发电项目清单，并将清单审核情况报财政部、国家发改委、国家能源局。此前，三部委已发文公布的1～7批目录内项目直接列入电网企业可再生能源发电项目补贴清单。

（2）明确补贴兑付主体责任。电网企业依法依规收购可再生能源发电量，及时兑付电价，收购电价（可再生能源发电上网电价）超出常规能源发电平均上网电价的部分，中央财政按照既定的规则与电网企业进行结算。

（3）补贴资金按年度拨付。财政部根据年度可再生能源电价附加收入预算和补助资金申请情况，将补助资金拨付到国家电网有限公司、中国南方电网有限责任公司和省级财政部门，电网企业根据补助资金收支情况，按照相关部门确定的优先顺序兑付补助资金，光伏扶贫、自然人分布式、参与绿色电力证书交易、自愿转为平价项目等项目可优先拨付资金。电网企业应切实加快兑付进度，确保资金及时拨付。

（4）鼓励金融机构按照市场化原则对列入补贴发电项目清单的企业予以支持。鼓励金融机构按照市场化原则对于符合规划并纳入补贴清单的发电项目，合理安排信贷资金规模，切实解决企业合规新能源项目融资问题。同时，鼓励金融机构加强支持力度，创新融资方式，加快推动已列入补贴清单发电项目的资产证券化进程。

（二）促进非水可再生能源发电健康发展几点补充政策（财建〔2020〕426 号）

1. 项目合理利用小时数

按合理利用小时数核定可再生能源发电项目中央财政补贴资金额度。为确保存量项目合理收益，基于核定电价时全生命周期发电小时数等因素，现确定各类项目全生命周期合理利用小时数如下：

（1）风电一类、二类、三类、四类资源区项目全生命周期合理利用小时数分别为 48000 小时、44000 小时、40000 小时和 36000 小时。海上风电全生命周期合理利用小时数为 52000 小时。

（2）光伏发电一类、二类、三类资源区项目全生命周期合理利用小时数为 32000 小时、26000 小时和 22000 小时。国家确定的光伏领跑者基地项目和 2019 年、2020 年竞价项目全生命周期合理利用小时数在所在资源区小时数基础上增加 10%。

（3）生物质发电项目，包括农林生物质发电、垃圾焚烧发电和沼气发电项目，全生命周期合理利用小时数为 82500 小时。

2. 项目补贴电量

项目全生命周期补贴电量 = 项目容量 × 项目全生命周期合理

利用小时数。其中，项目容量按核准（备案）时确定的容量为准。如项目实际容量小于核准（备案）容量的，以实际容量为准。

3. 补贴标准

按照《可再生能源电价附加补助资金管理办法》（财建〔2020〕5号，以下简称“5号文”）规定纳入可再生能源发电补贴清单范围的项目，全生命周期补贴电量内所发电量，按照上网电价给予补贴。补贴标准=（可再生能源标杆上网电价（含通过招标等竞争方式确定的上网电价）－当地燃煤发电上网基准价）/（1+适用增值税率）。

在未超过项目全生命周期合理利用小时数时，按可再生能源发电项目当年实际发电量给予补贴。

按照5号文规定纳入可再生能源发电补贴清单范围的项目，所发电量超过全生命周期补贴电量部分，不再享受中央财政补贴资金，核发绿证准许参与绿证交易。

按照5号文规定纳入可再生能源发电补贴清单范围的项目，风电、光伏发电项目自并网之日起满20年后，生物质发电项目自并网之日起满15年后，无论项目是否达到全生命周期补贴电量，不再享受中央财政补贴资金，核发绿证准许参与绿证交易。

4. 加强项目核查

发改委、国家能源局、财政部将组织对补贴项目有关情况进行核查。其中，价格主管部门负责核查电价确定和执行等情况；电网企业负责核查项目核准（备案）和容量等情况，能源主管部门负责制定相关核查标准；财政主管部门负责核查补贴发放等情况。

电网企业应建立信息化数据平台，对接入的可再生能源发电项目装机、发电量、利用小时数等运行情况进行连续监测，对电费和补贴结算进行追踪分析，确保项目信息真实有效，符合国家制定的价格、项目和补贴管理办法。

（1）项目纳入可再生能源发电补贴清单时，项目业主应对项目实际容量进行申报。如在核查中发现申报容量与实际容量不符的，将按不符容量的2倍核减补贴资金。

（2）电网企业应按确定的项目补贴电量和补贴标准兑付补贴资金。如在核查中发现超标准拨付的情况，由电网企业自行承担。

（三）非水可再生能源发电价格制定（发改价格〔2006〕7号）

可再生能源发电价格实行政府定价和政府指导价两种形式。政府指导价即通过招标确定的中标价格。

可再生能源发电价格高于当地脱硫燃煤机组标杆上网电价的差额部分，在全国省级及以上电网销售电量中分摊。

1. 风力发电项目的上网电价实行政府指导价，电价标准由国务院价格主管部门按照招标形成的价格确定。

2. 生物质发电项目上网电价实行政府定价的，由国务院价格主管部门分地区制定标杆电价，电价标准由各省（自治区、直辖市）2005年脱硫燃煤机组标杆上网电价加补贴电价组成。补贴电价标准为每千瓦时0.25元。发电项目自投产之日起，15年内享受补贴电价；运行满15年后，取消补贴电价。自2010年起，每年新批准和核准建设的发电项目的补贴电价比上一年新批准和核准建设项目的补贴电价递减2%。发电消耗热量中常规能源超过20%的混燃发电项目，视同常规能源发电项目，执行当地燃煤电厂的标杆电价，不享受补贴电价。

3. 通过招标确定投资人的生物质发电项目，上网电价实行政府指导价，即按中标确定的价格执行，但不得高于所在地区的标杆电价。

4. 太阳能发电、海洋能发电和地热能发电项目上网电价实行政府定价，其电价标准由国务院价格主管部门按照合理成本加合理利润的原则制定。

5. 公共可再生能源独立电力系统，对用户的销售电价执行当地省级电网的分类销售电价。

6. 鼓励电力用户自愿购买可再生能源电量，电价按可再生能源发电价格加上电网平均输配电价执行。

7. 可再生能源发电项目上网电价高于当地脱硫燃煤机组标杆上网电价的部分、国家投资或补贴建设的公共可再生能源独立电力系统运行维护费用高于当地省级电网平均销售电价的部分，以及可再生能源发电项目接网费用等，通过向电力用户征收电价附加的方式解决。

（四）现行可再生能源发电上网电价

1. 陆上风电和光伏发电上网电价政策（发改价格〔2021〕833 号，鲁发改价格〔2021〕553 号）

自 2021 年起，对新备案集中式光伏电站、工商业分布式光伏项目和新核准陆上风电项目上网电价，中央财政不再补贴，实行平价上网，按燃煤发电基准价执行（现行标准为每千瓦时 0.3949 元）。

2. 生物质发电电价补贴政策（鲁发改价格〔2022〕1028 号）

（1）国补到期生物质发电项目：农林生物质发电项目补贴标准调整为每千瓦时 0.25 元（含税，下同）；生物天然气（畜禽粪便、秸秆，下同）发电项目补贴标准继续按照每千瓦时 0.1991 元标准执行。

（2）污泥耦合发电项目：燃煤发电、垃圾焚烧发电项目处置生活污泥的，污泥电价补贴标准调整为每吨 50 元。

（3）生物天然气发电项目：生物天然气项目上网电价在国家生物质标杆电价每千瓦时 0.594 元基础上继续补贴至 0.75 元（省级补贴每千瓦时补贴 0.156 元），国补到期项目只按本通知第一条规定执行。

(4) 其他事项：电价补贴申报程序继续按照《山东省发展和改革委员会关于积极运用价格政策支持生物质发电平稳健康发展的通知》(鲁发改价格〔2021〕234 号) 规定执行。

3. 国补未到期农林生物质发电项目，上网电价为每千瓦时 0.75 元 (含税)。

4. 垃圾焚烧发电项目上网电价为每千瓦时 0.65 元 (含税)。

5. 污泥焚烧发电项目上网电价为每千瓦时 0.594 元 (含税)。

上述电价在山东省脱硫燃煤机组标杆上网电价以内部分，由国网山东省电力公司负担并按月结算；其余部分按国家相关规定执行。

(五) 农林生物质直燃发电项目电价精准补贴

1. 农林生物质直燃发电项目电价精准补贴政策

(1) 补贴范围：执行电价精准补贴的农林生物质直燃发电企业 (以下简称“发电企业”) 须同时满足以下三条：第一，上年度农业废弃物收购量不低于 3 万吨 (含)；第二，本年度正常运营，且承诺配合当地政府治理秸秆露天焚烧，积极收购农业废弃物；第三无掺烧燃煤等化石能源情况。

(2) 工作流程：包括申请、审核、审定、评估四步。

申请时，相关发电企业可向项目所在地县级发改部门提出书面申请，报送农林生物质直燃发电项目电价精准补贴申报表，提供燃料采购发票、生产记录等支撑材料。

审核包括初审和复核。初审时，各县发改部门根据企业申报情况，对照发票、生产记录等资料原件进行统计、核实 (发票中“购买方名称”须与发电企业名称一致)；开票日期须为“××年”(指上年度)；发票中“货物或应税劳务、服务名称”须有具体燃料名称，如“小麦秸秆”；发票中“单位”应为“元/吨”等数量单位等。同时，须实地走访当地小麦、玉米等农业主产乡镇，了解发电企业对当地贡献，并填写农林生物质直燃发电项目电价精准补贴申报表，形成初审书面意见。复核时，填写农林生物质直燃发电项目电价补贴申报表，形成复核书面意见，据此向省级部门提出电价精准补贴申请。

审定则由省发改委对项目秸秆收购情况进行核查，审定各市申报情况，根据资金筹集情况下达电价补贴。

评估工作由市、县发改委部门具体负责，对发电企业配合当地政府治理秸秆露天焚烧情况进行评估，发电企业未能兑现承诺的，扣减其电价补贴。

（3）其他事项：电价精准补贴资金，主要用于补贴发电企业在农作物集中收获期（或露天焚烧高发期），因加大农业废弃物收购力度而增加的储存、加工、运输等成本费用。

根据山东省农业结构，纳入精准补贴范围的农业废弃物暂定为玉米秸秆、小麦秸秆、棉花秸秆、辣椒杆、玉米芯、麦糠、花生壳、稻谷、芦苇等。超出上述范围但属于农业废弃物的，在申报材料中需特别说明。

按燃料类型实施电价精准补贴，以现阶段山东省农业废弃物尚未得到广泛综合利用为前提，目的在于防治因露天焚烧造成的大气污染，是一项引导发电企业保底处置农业废弃物的阶段性价格政策。考虑到各地农业经济产业差异化，若出现发电企业与其他综合利用行业竞争收购农业废弃物现象，各地请及时报告。

（4）有关要求：发电企业须真实、完整记载和保存燃料收购、上网电量、补贴资金金额等资料，发票、生产记录应当清晰记录燃料种类、数量等信息，并接受有关部门监督检查（经发现申报资料不实或未能兑现承诺的，已经下达的补贴资金从后续结算电费中予以扣减，三年内禁止该企业享受电价精准补贴政策）。

2. 农林生物质直燃发电项目电价精准补贴标准

（1）基本电费补贴标准。每户企业补贴 360 元（含税，下同）。

（2）农业废弃物补贴标准。每吨农业废弃物补贴 30 元，具体补贴数额按上年度收购量计算。

（3）上网电量补贴标准。每千瓦时补贴 0.001 元，具体补贴电费按上年度上网电量计算。

3. 农林生物质直燃发电项目申报电价精准补贴需报送的材料

正式申请文件；农林生物质直燃发电项目电价精准补贴申报表（含承诺书）；燃料采购发票明细表（附部分发票复印件）；生产记录表。

（六）垃圾焚烧发电价格政策（详见本章第三节“二、垃圾焚烧发电电价政策”）

（七）保鲜仓储设施用电价格政策（鲁发改价格〔2020〕1035 号）

1. 电价政策

对家庭农场、农民合作社、供销合作社、邮政快递企业、产业化龙头企业、农产品流通企业、农产品加工企业在农村建设的保鲜仓储设施用电，按照农业生产用电价格执行。

2. 其他事项

（1）“农村”界定为：城市规划区以外区域；或参照《统计上使用的县以下行政区划代码编制规则》（国统字〔2000〕64 号），行政区划代码第三段编码（第 10 ~ 12 位，表示行政村）在“200 ~ 399”范围内的村，界定为农村。

（2）“保鲜仓储设施”界定为：具备冷藏、冷冻、保温等温度控制的恒温库、冷库。

（3）经保鲜仓储所属企业书面同意，其相关设施可继续执行“工商业及其他用电”类别电价标准及相关电价政策。

第三章 天然气价格管理

天然气价格，是指管道运输价格、各城市门站天然气销售价格、天然气输气管网及支线直供工业用户天然气销售价格和城镇燃气到户销售价格。城镇燃气到户销售价格分为居民用天然气价格和非居民用天然气价格。

管道运输价格是指天然气管道运输企业通过管道向用户提供管道输气服务的价格。管道运输价格实行政府定价，山东省境内管道运输价格由省价格主管部门制定和调整。

山东省境内天然气管道运输价格包括省内天然气干线管网运输价格和省境内天然气支线管道运输价格。

山东省境内天然气门站价格均实行基准价格管理，天然气价格（不包括管输价格）由供需双方以省界基准门站价格（胜利油田自产气按供东营市基准门站价格）为基础，在上浮20%、下浮不限的范围内协商确定具体门站价格。

制定（调整）天然气价格的政策依据包括《中华人民共和国价格法》、《城镇燃气管理条例》（国务院令第583号）、《山东省定价目录》《山东省定价听证目录》《政府制定价格听证办法》《政府制定价格行为规则》、《山东省天然气价格管理办法》（鲁价格发〔2007〕118号）、《天然气管道运输价格管理办法（试行）》《天然气管道运输定价成本监审办法（试行）》《山东省天然气管道运输价格管理暂行办法》、《关于加强配气价格监管的实施意见》（鲁价格一发〔2018〕33号）、《山东省物价局关于建立健全天然气价格上下游联动制度的指导意见》、《山东省发展和改革委员会关于进一步完善天然气价格上下游联动机制的通知》（鲁发改价格〔2021〕900号）、《关于印发山东省城镇管道燃气配气定价成本监审办法的通知》（鲁发改成本〔2020〕1331号）、《国家发展改革委关于建立健全居民生活用气阶梯价格制度的指导意见》（发改价格〔2014〕467号），以及山东省发改委关于天然气管道运输价格及城市门站价格的其他有关文件。

第一节　定价权限及现行价格

一、定价权限

《山东省定价目录》（鲁发改价格〔2020〕1361号）规定：省内管道运输价格（企业内部自用管道除外）、进口液化天然气接收站气化服务价格由省价格主管部门定价；城镇管道燃气销售价格和配气价格授权市、县人民政府定价。

二、现行价格

山东省境内国网管道天然气基准门站价格为1.90元/立方米；山东省境内天然气干线管道运输价格0.16元/立方米，基准门站价格为2.06元/立方米；山东省境内部分跨市天然气支线管道（网）运输价格和山东省境内部分天然气支线管道（网）运输价格，详见《山东省发展和改革委员会关于明确天然气管道运输价格及城市门站价格的通知》（鲁发改价格〔2022〕1042号）。

邹平市居民用管道天然气销售价格、配气价格，见本章例一。

居民用气销售价格与陆上管道天然气城市门站价格（不包括

市场采购的高价气、竞拍气价格）联动，居民用气价格联动办法由各市、县按照定价权限分别制定，并按程序经价格听证后实施；非居民用天然气销售价格与当地天然气（包括市场采购的高价气、竞拍气）综合城市门站价格涨跌同向联动调整。

第二节 城镇居民用管输天然气价格

根据国家、省居民用管输天然气城市门站价格和城燃公司输配成本变动情况，择机调整、理顺居民用气价格，合理疏导终端销售价格。

制定或者调整城镇居民用管输天然气价格时，须兼顾建立联动机制和制定配气价格等。凡未建立居民用气价格联动机制的，在制订居民用气价格联动方案的过程中，要充分听取各方面意见，对居民用气价格联动的时机、方法、启动条件及联动价格的测算等主要指标进行认真研究论证。方案形成后，应按《政府制定价格听证办法》的规定进行听证后实施。听证时，应按照国家、省相关规定，建立健全天然气价格上下游联动制度，核定居民用管道天然气配气价格。

已建立居民用气价格联动机制的，居民用气销售价格与陆上管道天然气城市门站价格（不包括市场采购的高价气、竞拍气价格）联动。

例一：居民用管道天然气价格调整

邹平市发展和改革局
关于调整邹平市居民用管道天然气销售价格的通知

（邹发改〔2019〕58号）

各有关单位：

根据《国家发展改革委关于理顺居民用气门站价格的通知》（发改价格规〔2018〕794号）和《山东省物价局关于理顺居民用天然气城市门站价格的通知》（鲁价格一发〔2018〕86号）精神，报经市政府同意，决定调整我市居民用管道天然气销售价格，现将有关事项通知如下：

一、居民用管道天然气销售价格

居民用管道天然气，按年度用气量计算，将居民家庭全年用气量划分为三档，各档气量价格实行超额累进加价。气量分档和气价标准，具体见附件。

（一）居民家庭一般生活用气（炊事、生活热水等），第一档用气量为0～300（含）立方米，气价为每立方米2.75元；第二档用气量为300～500（含）立方米，气价为每立方米3.00元；第三档用气量为500立方米以上，气价为每立方米4.12元。

（二）壁挂炉采暖用户在执行居民一般生活用气分档气量的基础上额外增加采暖用气量。

壁挂炉采暖用气（不包含居民一般生活用气量），第一档用气量为0～1080（含）立方米，气价为每立方米2.75元；第二档用气量为1080～1500（含）立方米，气价为每立方米3.00元；第三档用气量为1500立方米以上，气价为每立方米4.12元。

二、居民用管道天然气配气价格

邹平市居民用管道天然气配气价格，按照国家、省、市价格主管部门规定的“准许成本加合理收益”原则，经成本审计，核定为0.57元/立方米。

三、相关配套政策

（一）阶梯气价以“年”为一个执行周期，用气量在周期之间不累计、不结转。户籍人口超过4人的家庭用户，每增加1人，相应增加60立方米/年用气量基数。

（二）对学校教学和学生生活、社会福利场所等执行居民气价的非居民用户，暂不执行居民阶梯气价，气价标准按照每立方米2.875元执行（不包括采暖锅炉用气）。

（三）低保对象和特困人员用户，一档气价按2.50元/立方米执行。二、三档气价执行普通用户价格。

（四）“煤改气”用户仍按市政府或相关部门政策规定执行。

四、本通知自2019年9月1日起执行。

附件：邹平市居民用管道天然气销售价格表

邹平市发展和改革局

2019年8月28日

附件：

邹平市居民用管道天然气销售价格表

分档	户年用气量（立方米）		价格（元/立方米）
	一般生活用气（炊事、生活热水）	壁挂炉采暖用气	
第一档	0～300（含）	0～1080（含）	2.75
第二档	300～500（含）	1080～1500（含）	3.00
第三档	500以上	1500以上	4.12

注：考虑到壁挂炉采暖与非采暖用户用气量差异较大，对壁挂炉采暖用户在执行居民一般生活用气分档气量的基础上额外增加采暖用气气量。

例二：居民用管道天然气价格联动

邹平市居民用管道天然气价格上下游联动办法

为规范居民用管道天然气（以下简称“居民用天然气”）价格管理，建立反映市场变化的价格动态调整机制，促进我市居民用天然气产业健康发展，根据国家天然气价格形成机制改革精神和原山东省物价局《关于建立健全天然气价格上下游联动制度的指导意见》（鲁价格一发〔2018〕73号），经召开价格听证会并听取社会各方面意见，报经市政府同意，制定我市居民用天然气价格上下游联动办法。

一、联动范围

天然气价格上下游联动的范围为天然气城市门站价格、居民用天然气销售价格。

二、联动内容

（一）天然气城市门站价格。天然气省内城市门站价格由省界门站价格（或交易中心拍卖价格加国家长输管道运输价格）加省内管道运输价格构成。城市门站价格与省界门站价格按同向等额联动。

（二）居民用天然气销售价格。居民用管道天然气价格与天然气城市门站价格（不包括市场采购的高价气、竞拍气价格）联动。

三、联动周期及启动条件

（一）根据原山东省物价局《关于建立健全天然气价格上下

游联动制度的指导意见》（鲁价格一发〔2018〕73 号）规定：原则上联动调整周期不少于 1 年。

（二）在联动周期内，城市门站价格调整幅度达到或超过 8% 时，销售价格根据城市门站价格变动情况进行同向等额联动。

（三）在联动周期内，城市门站价格调整幅度小于 8% 时，销售价格不做调整，变动部分纳入下一周期累计计算。

（四）一年内城市门站价格多次调整的，销售价格只联动调整 1 次，其余部分待 1 年后纳入下一周期累计计算。

（五）实施价格联动时，销售价格保留到分，分以下四舍五入。

四、天然气销售联动价格的确定

居民用气销售价格调整额 =（调整期居民用气门站价格 - 基期居民用气门站价格）

实施联动后的天然气销售价格 = 现行价格 + 价格调整额

其中，居民用气门站价格是指山东省制定的上游供气企业供应邹平市居民用气的气源门站价格。

五、价格联动相关事项

（一）居民用天然气价格上下游联动办法，仅适用于因上游门站价格调整造成城市天然气企业成本变化进而影响销售价格的情况。配气价格不做联动，因天然气经营企业配气价格发生重大变化，需要对居民用天然气销售价格进行调整的，仍按程序进行价格听证。

（二）上游天然气价格变动时，启动联动机制，不再召开价格听证会，由价格主管部门按照联动公式计算出调整金额，各档用气价格统一按照调整额调整，报市政府批准后执行。

（三）天然气经营企业要加强价格自律，严格按照价格主管部门制定的销售价格执行，并做好价格公示工作，广泛接受社会监督。

第三节 城镇非居民用管输天然气价格

非居民用天然气销售价格与当地天然气（包括市场采购的高价气、竞拍气）综合城市门站价格涨跌同向联动调整。联动时，须对当地城燃企业天然气综合城市门站价格、涨跌幅度进行测算，根据测算结果，按照《山东省物价局关于建立健全天然气价格上下游联动制度的指导意见》（鲁价格一发〔2018〕73号）和《山东省发展和改革委员会关于进一步完善天然气价格上下游联动机制的通知》（鲁发改价格〔2021〕900号）规定实施价格联动。

制定或调整非居民用管输天然气价格的程序、文书参照第一章第三节“二、制定（调整）水利工程供水价格的程序和文书”。

非居民用管输天然气价格联动，需经本级人民政府批准。

第四节 城镇管道燃气配气价格

城镇管道燃气配气价格（以下简称“配气价格”）是指燃气企业在经营范围内通过公共燃气管网系统向用户提供燃气配气服务的价格，不包括燃气企业之间的管道运输价格。配气价格实行政府定价，分级管理。

配气管网物理节点范围包括，与上游门站计量接气点（含门站计量接气点前配气企业自有管道）或上游输气企业结算点至终端用户计量结算点，不包括燃气工程安装实施的建筑区划红线内产权属于用户资产的燃气设施。

一、核定独立的配气价格

燃气企业向用户提供燃气配送服务，通过配气价格弥补成本并获得合理收益。要厘清供气环节，核定独立的配气价格，并可在合理分摊成本的基础上，制定区分用户类别的配气价格。

二、配气价格的制定

（一）制定方法。配气价格按照“准许成本加合理收益”的原则，即通过核定城镇管道燃气经营企业的准许成本，监管准许收益，考虑税收等因素确定年度准许总收入，制定配气价格。年度准许总收入由准许成本、准许收益以及税费之和扣减其他业务收支净额确定。其他业务收支净额为城镇燃气企业使用与配气业务相关的资产和人力从事工程安装施工、天然气销售等其他业务活动的收支净额。

不同用气类别配气价格根据实际情况进行合理分摊。

（二）准许成本的核定。准许成本的归集应当遵循合法性、相关性和合理性原则，凡与配气业务无关的成本均应予以剔除。配气业务和其他业务的共用成本，应当按照固定资产原值、收入、人员等进行合理分摊。鼓励各地建立激励机制，科学确定标杆成本，低于标杆成本的，可由燃气企业与用户利益共享，激励企业提高经营效率、降低配气成本。具体激励机制由各市根据实际情况确定。

准许成本的核定原则上根据政府制定价格成本监审办法、山东省城镇管道燃气配气定价成本监审办法等有关规定执行。其中：供销差率（含损耗）原则上不超过5%，三年内降低至不超过4%；管网折旧年限不低于30年；建筑区划内按法律法规规定由企业承担运行维护责任的运行维护成本可以计入准许成本。

（三）准许收益的确定。准许收益按有效资产乘以准许收益率计算确定。其中：准许收益率为税后全投资收益率，按不超过7%确定（具体标准由各市按照不提价的原则确定）；有效资产为城镇燃气企业投入、与配气业务相关的可计提收益的资产，由固定资产净值、无形资产净值和营运资本组成，包括市政管网、市政管网到建筑区划红线外的管网资产，城镇区域内自建自用的储气设施资产，以及其他设备设施等相关资产，不包括建筑区划内业主共有和专有资产，政府无偿投入、政府补助和社会无偿投入的资产，无偿接收的资产，未投入实际使用的资产，不能提供资产价值有效证明的资产，资产评估增值部分，以及向用户收取费用形成的资产。

固定资产净值和无形资产净值通过成本监审确定，营运资本按运行维护费的20%确定。运行维护费是与配气业务相关的直接费用和期间费用之和，但不包括固定资产折旧和无形资产摊销。税费依据国家现行税法相关规定确定。

（四）配气价格的制定。配气价格按企业年度准许总收入除以年度配送气量计算确定。实际配送气量较大幅度低于可行性研究报告或供气规划的，应对最低配送气量作出限制性规定，避免因过度超前建设等原因造成配气价格过高。配送气量按以下原则核定：配气管网负荷率（实际配送气量除以设计能力）高于40%的，按实际配送气量确定；配气管网负荷率低于40%的，原则上按设计能力的40%确定。

（五）新通气城镇初始配气价格的核定。可运用建设项目财务评价的原理，使被监管企业在整个经营期内取得合理回报的方法核定初始配气价格。核定价格时，原则上以可行性研究报告的成本参数为基础，以及税后全投资收益率7%、经营期30年确定。可行性研究报告成本等相关参数与成本监审有关规定不符的，按成本监审有关规定进行调整。随着经营气量的增加，可适当调整为“准许成本加合理收益”的原则核定。

三、配气价格的校核与调整

配气价格原则上每 3 年校核调整一次。如管道投资、配送气量、成本等发生重大变化，可提前校核。对新成立企业制定管道燃气配气试行价格，设计达产期后，价格主管部门应主动进行价格校核，并及时调整城镇燃气管道配气价格。

价格制定或调整过程中，如果测算的价格水平过高或调整幅度过大时，价格主管部门可综合考虑当地经济发展水平、城镇燃气经营企业实际运行情况和用户承受能力等因素，设置一定过渡期，逐步调整到位，避免价格过高和大幅波动。对应调未调产生的收入差额，可分摊到未来年度进行补偿或扣减。

四、定调价程序

管道燃气配气价格的制定和调整，由有权限价格主管部门主动实施，也可由城镇燃气经营企业向价格主管部门提出建议。新成立城镇燃气经营企业正式运营前，应主动向价格主管部门提出定价建议。

城镇燃气经营企业应当在每年 6 月 1 日前，按照管理权限，向价格主管部门报送投资、收入、成本等信息和材料，并对提供资料的合法性、真实性负责。对故意瞒报、虚报相关信息的行为，价格主管部门可视情况降低准许收益率，由此获得的不当收益，在后续调整价格时进行追溯。

价格主管部门制定和调整配气价格前，应开展成本监审。成本监审核定的定价成本，作为制定和调整配气价格的基本依据。调整居民配气价格，要依法履行听证等程序。价格主管部门制定和调整辖区内城市配气价格，要同时抄报上级价格主管部门。

第四章 供热价格管理

《山东省供热条例》所称供热，“是指供热企业依靠稳定热源，通过管网为用户提供生活用热的集中供热行为”。

城市供热价格分为热力出厂价格、管网输送价格和热力销售价格。热力出厂价格是指热源生产企业向热力输送企业销售热力的价格；管网输送价格是指热力输送企业输送热力的价格；热力销售价格是指向终端用户销售热力的价格。

热力销售价格分为居民用热价格和非居民用热价格。

城市供热价格由供热成本、税金和利润构成。利润按成本利润率计算时，成本利润率按不高于3%核定；按净资产收益率计算时，净资产收益率按照高于长期（5年以上）国债利率2~3个百分点核定。

热用户拟停止或者恢复用热的，应当在每年10月15日前通过书面或者互联网平台进行办理，具备分户管控条件的，供热企业应当为热用户办理停止或者恢复用热手续。供热企业不得因热用户停止或者恢复用热收取任何费用。

第一节 制定或者调整供热价格的政策依据

制定或者调整供热价格的政策依据：《政府制定价格行为规则》《山东省定价听证目录》《政府制定价格听证办法》《山东省供热条例》《滨州市供热条例》《热电联产管理办法》、《城市供热价格管理暂行办法》（发改价格〔2007〕1195号）、《政府制定价格成本监审办法》、《山东省集中供热定价成本监审办法》（鲁发改成本〔2019〕925号）。

第二节 供热价格

一、居民用热价格（居民采暖热价）

居民采暖热价实行政府定价。价格主管部门应当根据供热成本监审情况，遵循合理补偿成本、促进节约利用、坚持公平负担原则，采取听证会的形式征求热用户、供热企业和供热主管部门等方面的意见，适时调整热价，并向社会公布。

热用户不具备分户用热计量条件的，热费按照供热面积计收。

居民采暖热价定价具体程序、文书参照第一章第一节“二、制定（调整）城镇供水价格的详细程序和文书”。

[注：对供热企业向居民个人（以下称“居民”）供热取得的采暖费收入免征增值税。对向居民供热收取采暖费的供热企业，为居民供热所使用的厂房及土地免征房产税、城镇土地使用税]

二、非居民用热价格

制定或调整非居民用热价格，需按照《政府制定价格行为规则》《城市供热价格管理暂行办法》规定，履行价格调查、成本监审或者成本调查、听取社会意见、合法性审查、集体审议、报经本级人民政府批准、作出制定价格的决定等程序。应根据当地实际情况，合理确定各类用户热价之间的比价关系。

制订价格的方案、合法性审查、制定价格的决定应载明的内容按照《政府制定价格行为规则》规定执行。

三、工业供热

推动热力市场改革，对于工业供热，鼓励供热企业与用户直接交易，供热价格由企业与用户协商确定。“直管到户”的供热企业要负责二次热网的维修维护，费用纳入企业运营成本。（《热电联产管理办法》）

四、两部制热价

（一）适用范围

已安装供热计量设施，具备按用热量分户计量收费条件的民用建筑用户。

（二）定价原则

供热计量价格的制定和调整，应遵循“保证供热质量、合理补偿成本、促进节约用热、坚持公平负担”的原则。既要合理补偿供热成本，保证热力企业正常经营，又要充分考虑热用户的承受能力，鼓励节约用热，体现供用热双方公平负担。

（三）定价办法

实行两部制热价，按用户性质应分为居民用热价格和非居民用热价格。供热计量两部制热价由基本热价和计量热价构成。

热用户具备分户用热计量条件的，供热企业应当按照用热量收费。收费按照基本热价和计量热价相结合的两部制热价核算，基本热价不得超过单位面积热价的百分之三十。

计量热价测算：计量热价根据各市实际情况按照符合国家相关规定的计量方法合理确定。

计量热价＝供热价格×70%÷供暖平均耗热量

（四）用热费用的计算

用热费用＝基本热费＋计量热费

基本热费＝基本热价（元/m^2）×计费面积（m^2）

计量热费＝计量热价（元/千瓦时）×用热量（千瓦时）

对热用户按照用热量收费数额超过按照面积收费数额的，其超过部分不得高于按面积收费额的百分之十。

对热用户按照用热量收费数额低于按照面积收费数额的，其低于部分应尊重热用户意愿予以退费或者折抵下采暖季热费。

第三节　清洁取暖价格政策

一、煤改气用户价格政策

（一）居民“煤改气”采暖用气销售价格，按居民用气价格执行。

（二）支持具备条件的煤改气用户与上游天然气供气商直供交易，进一步降低用气成本。

二、煤改电用户价格政策（鲁发改价格〔2018〕1269号，鲁发改价格〔2020〕1287号）

（一）“一户一表”居民电代煤用户，采暖季（11月至次年3月）用电按居民阶梯电价第一档电价标准执行。年度周期内，非采暖季继续执行居民阶梯电价政策，其中，一档电量为1470千瓦时，二档电量为1470～2800千瓦时，三档电量为超过2800千瓦时部分。

（二）农村地区以村或自然村为单位，通过电代煤改造使用电采暖或热泵等电辅助加热取暖实行总表计量的，按照居民合表电价执行；实行分表计量的，与“一户一表”居民电代煤用户执行相同的价格政策。

（三）明确电代煤用户确认流程。居民电代煤用户是指依据《山东省7个传输通道城市清洁采暖气代煤电代煤工作实施方案》

（鲁建发〔2017〕5号）、《山东省冬季清洁取暖规划（2018—2022年）》（鲁政字〔2018〕178号）及2018—2022年各年度计划确定实施电代煤改造的居民用户。

（四）清洁取暖用电市场化采购有关事项（鲁发改价格〔2020〕1287号）

1. 电价政策

委托国网山东省电力公司代理相关清洁取暖用户采购市场低价电量，并予以优先购电保障。“清洁取暖用电市场化采购”项目采暖季期间，全电量暂按现行目录电价每千瓦时降低2.8分钱（含税）执行，后期根据市场化实际采购情况多退少补，最终实际执行电价不高于用户现行目录电价。

2. 项目范围

纳入“清洁取暖用电市场化采购”范围的项目为执行工商业及其他用电类别的城市建成区电代煤项目、其他居民住宅小区采用电采暖或热泵等电辅助加热取暖项目（已执行居民电价、实施低谷电量奖励等价格政策的项目除外，下同）。清洁取暖设施用电应当单独计量。

项目自主参与电力市场直接交易的，自动停止执行本通知规定的电价政策，并按照市场交易规则结算电费。

3. 申请程序

（1）城市建成区电代煤项目。电网企业根据改造项目清单，自次月抄见电量起执行上述价格政策。

（2）其他居民住宅小区采用电采暖或热泵等电辅助加热取暖项目。由产权单位（或委托物业公司）向当地电网企业提出申请，电网企业核实用户用电设备后，自申请次月抄见电量起执行上述价格政策。

第五章 其他价格管理

第一节 价格补贴政策

根据山东省发展和改革委员会等七部门《关于进一步健全社会救助和保障标准与物价上涨挂钩联动机制的通知》（鲁发改价格〔2021〕1098号）规定，实施社会救助和保障标准与物价上涨挂钩联动机制。

一、价格补贴联动机制保障对象

城乡低保对象、特困人员、领取失业保险金人员、享受国家定期抚恤补助的优抚对象，以及孤儿、事实无人抚养儿童、受艾滋病影响儿童。

二、价格补贴联动机制启动和终止条件

满足以下任一条件即启动价格补贴联动机制：

（一）居民消费价格指数（CPI）单月同比涨幅达到3.5%；

（二）居民消费价格指数（CPI）中的食品价格单月同比涨幅达到6%；

（三）城镇低收入居民基本生活费用价格指数（SCPI）单月同比涨幅达到5%。

各市可根据实际自行降低启动条件，但不得提高启动条件。

当月所有启动条件均不满足时，中止联动机制。

联动机制以设区市为单位启动或中止，不得进一步下放至县（市、区）。根据实际情况，必要时将在全省范围内统一全面启动或中止价格补贴联动机制。

三、价格临时补贴标准

价格临时补贴按月计算、按月发放。具体标准由达到启动条件的市，按照不低于物价上涨对困难群众基本生活影响的原则自行测算，测算方法为：

城乡低保对象、特困人员、优抚对象、孤儿、事实无人抚养儿童、受艾滋病影响儿童的月价格临时补贴标准 = 当地月城市低保标准 × 月城镇低收入居民基本生活费用价格指数（SCPI）同比涨幅；领取失业保险金人员的月价格临时补贴标准 = 当地月失业保险金标准 × 月城镇低收入居民基本生活费用价格指数（SCPI）同比涨幅。测算结果四舍五入取整，不足 20 元的按 20 元计算。

达到启动条件的设区市，要在相关价格指数发布当月将价格临时补贴足额发放到困难群众手中，发放时要在相关资金划转和记录凭证上注明所发补贴为“临时价补”等，让困难群众清晰了解补贴项目和事由。

四、价格临时补贴资金来源

价格临时补贴所需资金，纳入同级政府财政预算。市县政府应当及时安排价格临时补贴所需资金，确保价格临时补贴资金发放到位。对城乡低保对象、特困人员、孤儿、事实无人抚养儿童、受艾滋病影响儿童发放的价格临时补贴，可从市县困难群众基本生活救助资金列支，或由地方财政预算另行安排。对享受国家定期抚恤补助的优抚对象发放的价格临时补贴由财政预算安排。对领取失业保险金人员发放的价格临时补贴资金从失业保险基金列支。

五、工作职责分工

发改部门负责密切关注物价变动，按月公布价格上涨情况，并会同相关部门定期开展会商，优化工作程序，提出价格临时补贴的建议，督导相关责任落实；民政部门负责城乡低保对象、特困人员、孤儿、事实无人抚养儿童、受艾滋病影响儿童的价格临时补贴资金的发放；退役军人事务部门负责享受国家定期抚恤补助优抚对象人员的价格临时补贴资金的发放；人力资源社会保障部门负责领取失业保险金人员的价格临时补贴资金的发放；财政部门负责安排价格临时补贴所需资金；统计调查部门负责做好城镇低收入居民基本生活费用价格指数（SCPI）编制工作，并及时提供相关价格指数数据。

第二节　价格保险

价格保险，以服务“三农”为宗旨，以农业增效、农民增收为目标，按照“政府引导、市场运作、自愿参与、公开公平、统筹协调、稳步发展”的原则，以及“保基本、抓重点、稳供给”的工作思路，逐步为农业提供市场价格风险保障，切实保障农民再生产能力、农产品供给水平和市场价格基本稳定。

一、特色农产品目标价格保险

（一）保险政策

1. 保费补贴品种

价格保险保费实行“政府补一点、农户拿一点”的政策，农户自交部分由保险经办机构（以下简称“经办机构”）向农户收取，政府补贴部分列入财政预算，由省市县政府承担。省级保费补贴品种为：

（1）种植业：大蒜、马铃薯、大白菜、大葱、蒜薹、辣椒、生姜。

（2）养殖业：生猪。

鼓励有条件的市、县（市、区）根据当地实际，自行开展其他品种试点，补贴资金由市、县（市、区）自主承担。

每年8月底前，各市价格主管部门应会同财政部门将当地下年度拟开展的保险品种、规模以及地方配套资金等情况报送省价格、省财政部门。待省级预算资金确定后，省价格主管部门会同省财政厅根据各地申请，并结合省级预算规模、产区发展等因素，确定补贴地区、品种、规模。补贴地区价格主管部门应在保险期开始前3个月，将当地具体实施方案（包括目标价格、工作安排、保障措施等），报送省价格主管部门审批。保险合同签订日期应当在保险期开始前10日截止。各险种投保结束后，补贴地区价格主管部门应及时审核参保明细清单，确认无误后，会同财政部门填报补贴资金申请表，以设区市为单位逐级汇总上报至省价格主管部门，省价格主管部门审核后将审核意见及资金需求情况报送省财政厅，省财政厅审核后拨付补贴资金。

2. 保险责任范围

以保险条款约定的目标价格作为起赔标准，当保险期间内参保品种平均生产价格低于目标价格时，视为保险事故发生，经办机构对跌幅部分进行相应赔付，高于目标价格时不赔付。赔偿金额=（目标价格－实际价格）÷目标价格×每亩（每头）保险金额×保险数量。

（1）种植业。保险期间为参保品种收获后的自然集中上市期。分批种植和上市的，分别规定保险期间。参保品种目标价格参照保险期间内前 3 年平均生产价格（地头收购价），综合考虑成本变化、合理收益等因素确定。保险期间内生产价格由价格主管部门监测发布。

（2）养殖业。生猪每个保险周期 12 个月。目标价格参照前 3 年全省生猪平均生产价格（出场价格），综合考虑成本变化、合理收益等因素确定，按年度公布。保险期间内全省生猪平均生产价格由省物价局监测发布。

3. 基本保障水平

（1）种植业。种植业补贴险种的保险金额，原则上为保险标的生长期内所发生的直接物化成本，包括种子、化肥、农药、灌溉、机耕和地膜等成本。保险费率为 7%。其中，大蒜保险金额 2000 元/亩；保险费 140 元/亩；春季马铃薯保险金额 1200 元/亩，保险费 84 元/亩，秋季马铃薯保险金额 700 元/亩，保险费 49 元/亩；大白菜保险金额 900 元/亩，保险费 63 元/亩；章丘大葱保险金额 3500 元/亩，保险费 245 元/亩；普通大葱保险金额 2000 元/亩，保险费 140 元/亩；蒜薹保险金额 1200 元/亩，保险费 84 元/亩。

（2）养殖业。详见本节“二、生猪目标价格保险”。

创新多种目标价格制定模式。按照市场决定价格原则，以保障农民基本再生产能力为目标，建立目标价格保险保障水平动态调整机制，在保障农业生产直接物化成本的基础上，参照成本、产量、收益等因素分别设立目标价格。

4. 保险费补贴政策

农户自行承担保险费的 40%，各级财政承担保险费的 60%。省财政对直管县第一档、第二档分别补助 30%、25%；对市级第一档、第二档、第三档分别补助 20%、15%、10%；其余部分由

市县财政承担。（详见鲁财金〔2022〕17 号）

市县级财政的承担比例由市级财政确定，原则上市级财政应承担市县负担部分的 50% 以上。

5. 保险经办机构

参与价格保险的经办机构应当具备农业保险资质，符合省政府相关要求，在补贴县级地区建立分支机构能够承办相关业务。各补贴地区价格主管部门应会同财政部门根据保险机构经营资质、基层网点建设、服务质量、守法诚信等因素，选择确定当地的经办机构，并报省价格、财政部门备案。为鼓励市场竞争，提升服务质量，每个补贴地区、每个补贴险种原则上要有两家以上保险机构参与。

（二）责任分工

价格主管部门负责牵头协调、组织实施、监督检查等工作，开展参保品种生产价格和物化成本的采集、调查工作，确定目标价格，以适当渠道公布，负责审核参保明细清单。财政部门负责保费补贴资金的管理工作，具体包括分担比例的确定，资金的筹集、拨付、清算，以及资金使用的监督检查等。农业部门负责指导生产、提供相关统计数据等工作。金融部门负责保险工作的协调指导等工作。畜牧兽医部门负责指导生猪生产、提供生猪养殖的相关统计数据等工作。保监部门负责经办机构的业务指导、监督检查等工作。

二、生猪目标价格保险（鲁发改价格〔2022〕929 号）

生猪目标价格保险以生猪为保险标的，在保险期间内，生猪实际价格低于保险合同约定的目标价格时，导致目标价格收入减少，视为保险事故发生。

（一）保险标的

从事生猪养殖时间 1 年以上的养殖场户，饲养的生猪品种在当地饲养 1 年（含）以上。

（二）目标价格

目标价格由投保人与保险人协商确定（最高不超过 30 元/公斤）。

目标价格收入 =（目标价格 - 14 元/公斤）×125 公斤

（14 元/公斤为平衡点，125 公斤视为生猪在饲养周期结束时出栏达到的体重。）

（三）基本保障水平

保险金额 = 目标价格收入 × 保险数量（头）

保险费率：5%

保险费 = 保险金额 × 费率

（四）实际价格

实际价格 = 国家发展和改革委员会价格监测中心在保险期间内最后一个月实际发布的生猪出场价格之和/发布次数

（五）保险期间

参照生猪饲养周期，每个保险周期设定为 4 个月，具体时间在保单中载明。

（六）保费分担

保费由投保农户自行承担 40%，各级政府补贴 60%。省级财政补贴，依据《关于完善山东省地方优势特色农产品保险奖补政策的通知》（鲁财金〔2022〕17 号）等文件相关规定申请奖补。

（七）赔偿处理

造成保险期间内生猪实际价格低于本保险合同约定的目标价格时，保险人按以下方式计算赔偿：

赔偿金额 = 实际价格对应的补偿金额 × 保险数量（头）

生猪目标价格收入损失补偿表

生猪目标价格（元/公斤）	目标价格收入（元/头）	补偿金额（元/头）
30（含）以上	2000	0
29（含）~30（不含）	1875	25
28（含）~29（不含）	1750	30
27（含）~28（不含）	1625	35
26（含）~27（不含）	1500	40
25（含）~26（不含）	1375	45
24（含）~25（不含）	1250	50
23（含）~24（不含）	1125	55
22（含）~23（不含）	1000	60
21（含）~22（不含）	875	65
20（含）~21（不含）	750	70
19（含）~20（不含）	625	75
18（含）~19（不含）	500	80
17（含）~18（不含）	375	85
16（含）~17（不含）	250	90
15（含）~16（不含）	125	95
14（含）~15（不含）	0	100
13（含）~14（不含）	-125	150
12（含）~13（不含）	-250	200
11（含）~12（不含）	-375	300
10（含）~11（不含）	-500	400

三、价格保险补贴资金的申报

（一）县级报送下年度特色农产品目标价格保险补贴预算

县级发改部门关于××年度特色农产品目标价格保险补贴预算请示文件（正式文件）

附件：1. 目标价格保险项目实施方案；2. 目标价格保险测算说明；3. 山东省特色农产品目标价格保险专项资金使用计划表。

（二）每年8月底前，各市价格主管部门应会同财政部门将当地下年度拟开展的保险品种、规模以及地方配套资金等情况报送省发改委、省财政厅。

（三）待省级预算资金确定后，省发改委会同省财政厅根据各地申请，并结合省级预算规模、产区发展等因素，确定补贴地区、品种、规模。

（四）补贴地区价格主管部门在保险期开始前3个月，将当地具体实施方案（包括目标价格、工作安排、保障措施等），报送省发改委审批。（保险合同签订日期应当在保险期开始前10日截止）

（五）各险种投保结束后，补贴地区价格主管部门及时审核参保明细清单，确认无误后，会同财政部门填报补贴资金申请表，以设区市为单位逐级汇总上报至省发改委。

（六）省物价局审核后将审核意见及资金需求情况报送省财政厅。

（七）省财政厅审核后拨付补贴资金。

四、种植业价格保险的赔偿

以保险条款约定的目标价格作为起赔标准，当保险期间内参保品种平均生产价格低于目标价格时，视为保险事故发生，经办机构对跌幅部分进行相应赔付，高于目标价格时不赔付。

赔偿金额 =（目标价格 - 实际价格）÷目标价格×每亩保险金额×保险数量

种植业保险期间为参保品种收获后的自然集中上市期。分批种植和上市的，分别规定保险期间。参保品种目标价格参照保险期间内前三年平均生产价格（地头收购价），综合考虑成本变化、合理收益等因素确定。保险期间内生产价格由价格主管部门监测发布。

第三节　公租房价格政策

自 2016 年 4 起，公共租赁住房和廉租住房并轨运行管理。

公共租赁住房的租金，综合考虑社会经济发展水平以及市场价格水平等因素，并根据保障对象的承受能力，按同区域同类住房市场租金的 60% ~80% 的比例分类核定。

第四节　旅游景点门票价格政策

《山东省定价目录》规定：利用公共资源建设的景区门票及景区内游览场所门票、交通服务价格，实行政府定价或政府指导价，授权市、县人民政府定价。其他景区门票价格实行市场调节价。

一、国有景区门票价格形成机制（发改价格〔2018〕951 号，发改办价格〔2020〕568 号）

对利用公共资源建设的国有景区，以补偿合理运营成本、保持收支总体平衡为改革方向，完善门票价格形成机制，明确定价成本构成、规范定价程序、加强收支监管，提高定价科学性、监管有效性。

（一）合理界定成本构成。实行政府定价管理的景区，门票定价成本应严格限定在景区游览区域范围内维持景区正常运营所需的合理支出，主要包括：

1. 自然、文化遗产等资源保护支出；

2. 为游客提供基本游览服务所发生的设施运行维护、人员薪酬、财务费用等方面的成本支出；

3. 为游客提供基本游览服务所需的固定资产折旧。

景区支出中依法应由各级政府承担部分，以及与景区正常运营无关的支出，不得计入景区门票定价成本；各级政府提供的补贴和已通过单独收费补偿部分，以及景区特许经营收入，应冲减景区门票定价成本。

（二）创新价格管理方式。各地区可根据景区实际情况，对其门票价格实行政府定价或政府指导价。季节性较强的景区，可分别制定淡季、旺季门票价格，引导客流均衡分布，淡旺季票价应保持合理比价关系。对实行政府指导价的景区，可以采取价格上限管理方式，允许景区经营管理者在不超过政府规定上限价格的范围内，根据旅游市场供求状况自主确定具体价格水平。景区在政府指导价范围内调整具体价格水平、淡旺季票价执行时间等，应当提前 3 个月向社会公布，并抄报价格主管部门。

（三）严格履行政府定价程序。制定实行政府定价管理的景区门票价格，应当严格按照《政府制定价格行为规则》（国家发展和改革委员会令第 7 号）等规定，履行定价成本监审或成本调查、听取社会意见、合法性审查、集体审议、作出价格决定并及时向社会公告等程序。对以外地游客为主的景区，可通过网络公开征求意见或创新价格听证方式，广泛听取意见建议。景区经营管理者拒绝提供成本监审或成本调查所需资料，或者提供虚假资料、不完整提供资料的，定价机关可以中止成本监审或成本调查、按照从低原则核定成本。

降低景区门票价格可按有关规定采取简易程序。景区实行免费开放的，应及时向社会公告，不需履行其他定价程序。

（四）建立定期评估调整机制。门票价格制定后，价格主管部门应当对门票价格执行情况进行跟踪调查和监测，每三年进行一次评估，重点评估景区游客数量变化、运营成本变动、收支节余等情况，以及社会各方面对门票价格的意见，根据评估结果及时调整门票价格。鼓励引入第三方机构开展评估。

（五）加强景区收支监管。加强景区门票收入及其他各类收入、支出监管，保证景区收入主要用于景区运营所需合理支出。鼓励有条件的地方探索建立国有景区运营状况、收支信息公开制度，主动向社会披露相关信息，提高价格相关信息透明度。

（六）规范景区价格行为。所有景区应严格落实明码标价规定，在其网站、收费场所等醒目位置公示门票价格及游览服务内容（含优惠门票价格及优惠对象、优惠条件等），以及单独收费的相关服务等价格；设有通票、联票的景区，其通票、联票价格及游览服务内容也应一并公示，通票、联票价格应低于各单项门票价格之和，不得强制购买通票、联票，保障游客知情权、选择权。不得区别本地外地游客设置两种门票价格。除法律法规明确规定外，各地区、各景区不得将各种门票、游览服务、保险等捆绑销售，不得价外加价或强制代收其他任何费用。

二、景区门票优惠政策（鲁发改成本〔2022〕453 号）

（一）对特殊群体的门票减免优惠

1. 实行政府指导价管理的景区对以下特殊群体实行免票优惠：一是6周岁（含）以下或身高1.4米（含）以下儿童、70周岁以上老年人、残疾人（重度残疾人包括一名陪护人员）；二是现役军人；三是烈士遗属、因公牺牲军人遗属和病故军人遗属（遗属包括烈士、因公牺牲军人和病故军人的配偶、父母或扶养人、子女，以及由其承担抚养义务的兄弟姐妹）；四是军队退休的干部、军士（士官）；五是消防救援人员。

2. 实行政府指导价管理的3A级（含）以上景区及国家森林公园对高层次人才（凭“山东惠才卡”）实行免票。政府投资兴办的公园对退役军人实行免票。

3. 实行政府指导价管理的景区对6～18周岁未成年人、全日制本科及以下学历学生实行半票。

4. 实行市场调节价景区对70周岁以上老年人实行免票，不满70周岁老年人实行半票。

5. 鼓励各地、各景区根据景区特点和运营管理实际，实施更加灵活、更大幅度、更多形式的门票减免优惠措施，扩大特殊群体门票减免优惠范围。国家和省另有规定的，按其规定执行。

（二）支持旅游线路景区实行联票价格

对地域相近、互补性强及形成特色和市场的旅游线路景区，在保留单票的基础上，各地、各景区可推行联票价格，并配套实施一票多次多日使用制，进一步加大优惠幅度。旅游线路上的景区联票价格实行市场调节价，由各相关景区自主协商确定。

第五节 煤炭价格政策

煤炭是关系国计民生的重要初级产品，电力供应和安全事关经济社会发展全局。

煤炭价格由市场形成。国家发改委会同有关方面综合采取供需衔接、储备吞吐、进出口调节、运输协调等措施，促进煤炭价格在合理区间运行。当煤炭价格显著上涨或者有可能显著上涨时，将根据《中华人民共和国价格法》第三十条等规定，按程序及时启动价格干预措施，引导煤炭价格回归合理区间；当煤炭价格出现过度下跌时，综合采取适当措施，引导煤炭价格合理回升。

煤炭价格合理区间水平并非一成不变，国家发改委将统筹考虑煤炭生产成本变化、能源行业发展等因素，及时充分听取行业和社会各方面意见建议，适时对煤炭价格合理区间进行评估完善。

一、煤炭中长期交易价格合理区间

根据《关于进一步完善煤炭市场价格形成机制的通知》（发改价格〔2022〕303 号）规定，国家明确了秦皇岛港和山西、陕西、蒙西、蒙东等重点地区出矿环节煤炭（动力煤，下同）中长期交易价格合理区间。其他地区出矿环节煤炭价格合理区间，由当地根据实际情况，按照自产煤炭与外调煤炭到燃煤电厂价格相近的原则，自行提出。截至 2022 年 5 月底，国家和地方已明确的煤炭中长期交易价格合理区间见下表。

各地煤炭中长期交易价格合理区间表

单位：元/吨

环节	地区	热值（千卡）	中长期交易价格合理区间	备注
港口	秦皇岛港	5500	570～770	
出矿	山西	5500	370～570	
	陕西	5500	320～520	
	蒙西	5500	260～460	
	蒙东	3500	200～300	
	河北	5500	480～680	
	辽宁	5500	590～790	
	黑龙江	5500	545～745	
	山东	5500	555～755	
	安徽	5000	545～745	
	贵州	5000	350～500	

注：1. 上述价格均为含税价格。

2. 其他热值煤炭价格合理区间按热值比相应折算。

3. 部分省份正在研究制定当地煤炭价格合理区间。

二、煤炭现货价格合理区间

根据国家发改委公告2022年第4号规定，如无正当理由，煤炭现货价格合理区间上限不得超过国家或者地方有关文件明确的中长期交易价格合理区间上限的50%，按此测算，煤炭现货价格合理区间上限见下表。

各地煤炭中长期交易价格合理区间上限表

单位：元/吨

环节	地区	热值（千卡）	现货交易价格合理区间上限
港口	秦皇岛港	5500	1155
出矿	山西	5500	855
	陕西	5500	780
	蒙西	5500	690
	蒙东	3500	450
	河北	5500	1020
	辽宁	5500	1185
	黑龙江	5500	1118
	山东	5500	1133
	安徽	5000	1118
	贵州	5000	750

注： 1. 上述价格均为含税价格。

2. 其他热值煤炭价格合理区间按热值比相应折算。

第六节　粮食价格政策

粮食，是指小麦、稻谷、玉米、杂粮及其成品粮。粮食价格主要由市场供求形成。

当粮食供求关系发生重大变化时，为保障市场供应、保护种粮农民利益，必要时可由国务院决定对短缺的重点粮食品种在粮食主产区实行最低收购价格。

当粮食价格显著上涨或者有可能显著上涨时，国务院和省、自治区、直辖市人民政府可以按照《中华人民共和国价格法》的规定，采取价格干预措施。

国家实行稻谷、小麦最低收购价政策，并适时合理调整最低收购价水平，切实保护农民利益和种粮积极性，确保口粮生产稳定，同时充分发挥市场机制作用，促进优质优价。

例一：2022 年稻谷最低收购价格。2022 年国家继续在稻谷主产区实行最低收购价政策。综合考虑粮食生产成本、市场供求、国内外市场价格和产业发展等因素，经国务院批准，2022 年生产的早籼稻（三等，下同）、中晚籼稻和粳稻最低收购价分别为每 50 公斤 124 元、129 元和 131 元。

例二：2023 年小麦最低收购价格。2023 年国家继续在小麦主产区实行最低收购价政策。综合考虑粮食生产成本、市场供求、国内外市场价格和产业发展等因素，经国务院批准，2023 年生产的小麦（三等）最低收购价为每 50 公斤 117 元。

第七节 “亩产效益”评价企业差别化价格政策

一、差别化用电价格政策

对“亩产效益”评价改革列入 D 类（限制发展类，下同）企业用电，实行年度递增加价政策。即：第一年列入 D 类的，用电价格每千瓦时加价 0.05 元（含税，含市场化交易电量，下同）；连续两年列入 D 类的，用电价格每千瓦时加价 0.1 元；连续三年及以上列入 D 类的，用电价格每千瓦时加价 0.15 元。

企业同时执行差别电价，惩罚性电价或阶梯电价的，按最高加价标准政策执行，不再重复加价。

二、差别化用水、用气价格政策

各地应充分论证辖区执行差别化用水、用气价格政策外部基础（如全县统一燃气销售公司等）。具备执行条件的，D类企业可执行差别化用水、用气价格政策，具体加价标准、执行程序，由有价格管理权限的市、县发改部门制定。

三、其他事项

差别化电价政策以年度为周期执行，国网山东省电力公司要根据当地政府有关部门公布的企业评价结果，自次月抄见电量起收取加价电费。（详见下列文件）

例：

邹平市发展和改革局关于“亩产效益”评价企业差别化价格政策有关事项的通知

邹平市供电有限公司、城乡水务局，各有关单位：

为进一步促进我市经济高质量发展，根据《国家发展改革委关于创新和完善促进绿色发展价格机制的意见》（发改价格规〔2018〕943号）、《山东省人民政府关于开展“亩产效益”评价改革工作的指导意见》（鲁政字〔2019〕235号）、《山东省发展和改革委员会关于“亩产效益”评价企业差别化价格政策有关事项的通知》（鲁发改价格〔2022〕56号）和《滨州市发展和改革委员会关于“亩产效益”评价企业差别化价格政策有关事项的通知》（滨发改价格〔2022〕48号）等文件规定，决定对“亩产效益”评价企业施行差别化价格政策，现将有关事项通知如下：

一、差别化用电价格政策

对“亩产效益”评价改革列入D类（限制发展类，下同）企业用电，实行年度递增加价政策。即：第一年列入D类的，用电价格每千瓦时加价0.05元（含税，含市场化交易电量，下同）；

连续两年列入D类的，用电价格每千瓦时加价0.10元；连续三年及以上列入D类的，用电价格每千瓦时加价0.15元。

企业同时执行淘汰类、限制类差别电价和惩罚性电价或阶梯电价的，按最高加价标准政策执行，不再重复加价。

二、差别化用水价格政策

对“亩产效益”评价改革列入D类企业用水，实行年度递增加价政策。即：第一年列入D类的，在核定用水计划水价基础上，每立方米加价0.15元；连续两年列入D类的，用水价格在核定用水计划水价基础上，每立方米加价0.3元；连续三年及以上列为D类的，在核定用水计划水价基础上，每立方米加价0.45元。

企业同时执行非居民和特种用水超定额（计划）累进加价的，按最高加价标准政策执行，不再重复加价。

三、其他事项

（一）差别化电价政策以年度为周期执行，邹平市供电有限公司根据政府有关部门公布的企业评价结果，自次月抄见电量起收取加价电费，并及时上缴财政专户。

（二）差别化水价政策以年度为周期执行，供水企业根据当地政府有关部门公布的企业评价结果，自次月抄见水量起收取加价水费，上缴财政专户并专款专用，主要用于支持产业、企业转型升级和创新发展。

第八节　现行优惠价格政策

一、学校水电气价格政策（鲁价格发〔2007〕215号、发改价格〔2007〕2463号）

（一）对学校教学和学生生活用电、用水、用气价格分别按居民用电、用水、用气价格执行。

（二）用电、用水、用气价格执行居民类价格的学校，是指经国家有关部门批准，由政府及其有关部门、社会组织和公民个人举办的公办、民办学校，包括：（1）普通高等学校（包括大学、独立设置的学院和高等专科学校）；（2）普通高中、成人高中和中等职业学校（包括普通中专、成人中专、职业高中、技工学校）；（3）普通初中、职业初中、成人初中；（4）普通小学、成人小学；（5）幼儿园（托儿所）；（6）特殊教育学校（对残疾儿童、少年实施义务教育的机构）。

（三）学校教学和学生生活用电、用水、用气，是指教室、图书馆、实验室、体育用房、校系行政用房等教学设施，以及学生食堂、澡堂、宿舍等学生生活设施使用的电、水和管道燃气（包括管道天然气、煤气以及空混气等）。

（四）学校教学和学生生活用电、用水、用气应与其他用电、用水、用气实行分表计量。暂未实行分表计量的，由学校与供水、供电、供气单位协商确定用电、用水、用气数量。双方不能协商一致的，报价格主管部门裁定。

二、社会福利场所有关价格政策（鲁发改价格〔2019〕98号）

（一）社会福利场所，是指经县级及以上人民政府民政部门批准，由国家、社会组织和公民个人举办的，为老年人、残疾人、孤儿、弃婴提供养护、康复、托管等服务的场所。

（二）社会福利场所生活用电、用暖、用水、用气执行居民价格。其中：用电价格按照我省居民生活用电类别的非居民用户价格执行；用暖价格按照当地居民价格执行；用水价格按照《国家发展改革委住房城乡建设部关于加快建立完善城镇居民用水阶梯价格制度的指导意见》（发改价格〔2013〕2676号）规定执行；

用气价格按照《国家发展改革委关于建立健全居民生活用气阶梯价格制度的指导意见》（发改价格〔2014〕467号）规定执行。

（三）社会福利机构申请执行居民类价格的，应当向有关单位提交县级以上人民政府民政部门核发的社会福利机构设置批准证书或设置养老机构备案回执和相关部门核发的法人登记证书；其他社会福利场所申请执行居民类价格的，应向有关单位提交县级以上人民政府民政部门批准的设置文件等证明材料。符合条件的，自受理次月起执行居民类价格，相关手续每三年续办一次，逾期未办理的，将不再执行相关价格政策。

社会福利场所生活用电、用水、用气应实行分表计量。暂未实行分表计量的，由社会福利场所与有关单位采用定量或定比方式分别计价计费。

三、城乡社区居（村）民委员会服务设施有关价格政策（鲁发改价格〔2020〕1297）

（一）城乡社区居（村）民委员会服务设施（以下简称“服务设施”），是指城乡社区居（村）民委员会工作场所及其非经营公益服务设施。主要包括居（村）民委员会（党支部）工作场所以及提供免费服务的社区服务站（中心）、警务室、图书（电子）阅览室、文体活动室、市民学校（党员活动室）、室外活动广场等综合性服务设施。

用于生产、经营等活动的服务设施不在此范围内。

（二）服务设施用电、用暖、用水、用气价格以及有线电视基本收视维护费执行居民价格。其中：用电价格按照我省居民生活用电类别的非居民用户价格执行；用暖价格按照当地居民价格执行；用水价格按照《国家发展改革委 住房城乡建设部关于加快建立完善城镇居民用水阶梯价格制度的指导意见》（发改价格

〔2013〕2676号）规定执行；用气价格按照《国家发展改革委关于建立健全居民生活用气阶梯价格制度的指导意见》（发改价格〔2014〕467号）规定执行。

（三）城乡社区居（村）民委员会申请执行居民类价格的，应当向有关单位提交县（市、区）人民政府民政部门（社区建设管理部门，下同）出具的城乡社区居（村）民委员会服务设施申请认定表，经确认符合条件并与政府网站公示信息核对后，自受理次月起执行居民类价格。相关手续每五年续办一次，逾期未办理的，暂停执行相关价格政策，续办手续后再恢复执行相关价格政策。

用于生产、经营活动的服务设施用水、用电、用气应实行分表计量。暂未实行分表计量的，由居（村）民委员会与有关单位采用定量或定比方式分别计价计费。

四、城乡居民住宅小区公用附属设施等用电价格政策（鲁价格一发〔2014〕17号）

（一）山东省城乡居民住宅小区公用附属设施用电（不包括从事生产、经营活动用电），以及机关、部队、学校、企事业单位集体宿舍的生活用电价格，暂不实行阶梯式电价，按照居民生活用电中的非居民用户价格执行。

（二）居民住宅小区公用附属设施用电，是指城乡居民家庭住宅小区内的公共场所照明、电梯、电子防盗门、电子门铃、消防、绿地、门卫、车库等非经营性用电。

（三）居民住宅小区公用附属设施用电，以及机关、部队、学校、企事业单位集体宿舍的生活用电，要与从事生产、经营活动用电实行分表计量。暂未实行分表计量的，由供用电双方根据实际情况协商确定各类用电分摊比例或用电数量。

五、农产品生产流通环节电价政策（发改办价格〔2013〕1041号，鲁发改价格〔2021〕893号）

（一）生猪、蔬菜生产用电执行农业生产用电价格。

（二）农产品批发市场、农贸市场用电、农产品冷链物流的冷库用电价格，执行电力市场交易价格。

六、保鲜仓储设施用电价格政策（鲁发改价格〔2020〕1035号）

（一）电价政策：对家庭农场、农民合作社、供销合作社、邮政快递企业、产业化龙头企业、农产品流通企业、农产品加工企业在农村建设的保鲜仓储设施用电，按照农业生产用电价格执行。

（二）其他事项：

1. “农村”界定为：城市规划区以外区域；或参照《统计上使用的县以下行政区划代码编制规则》（国统字〔2000〕64号），行政区划代码第三段编码（第10～12位，表示行政村）在“200～399”范围内的村，界定为农村。

2. “保鲜仓储设施”界定为：具备冷藏、冷冻、保温等温度控制的恒温库、冷库。

3. 经保鲜仓储所属企业书面同意，其相关设施可继续执行“工商业及其他用电”类别电价标准及相关电价政策。

七、宗教活动场所生活用电价格政策（鲁价格一发〔2014〕46号）

（一）宗教活动场所生活用电，是指经县级及以上人民政府宗教事务部门登记的寺院、宫观、清真寺、教堂等宗教活动场所常住人员和外来暂住人员的生活用电，主要包括食堂、浴室、宿舍等生活场所用电。不包括举办宗教活动的场所以及供游客参观、购物、餐饮等经营性场所用电。

（二）宗教活动场所生活用电执行我省居民生活用电类非居民用户价格，暂不执行居民阶梯电价。

（三）宗教活动场所申请执行居民生活用电类价格政策，应向当地供电部门提供由县级及以上人民政府宗教事务部门发放的宗教活动场所登记证，并自受理的次月起执行。

（四）宗教活动场所生活用电要与从事生产、经营活动用电实行分表计量。暂未实行分表计量的，由供用电双方根据实际情况协商确定各类用电分摊比例或用电数量。

八、农村饮水安全工程供水用电（鲁价格发〔2011〕97号）

农村饮水安全工程供水用电执行居民生活用电价格。

九、保障性租赁住房项目水电气暖价格政策（鲁发改价格〔2021〕672号）

（一）价格政策：利用非居住存量土地和非居住存量房屋建设保障性租赁住房，取得保障性租赁住房项目认定书后，用水、用电、用气、用暖价格按照居民标准执行。

（二）办理程序：有关单位可凭借保障性租赁住房项目认定书，向供水、供电、供气、供暖专营单位提出申请，专营单位应及时受理，并按要求落实相关价格政策。

十、商业用房等按规定改建为租赁住房用水用电用气价格政策（鲁发改价格〔2021〕235号）

（一）价格政策。商业用房等按规定改建为租赁住房，土地用途调整为居住用地，调整后用水、用电、用气价格按居民标准执行。

（二）办理程序。土地用途调整为居住用地后，有关单位可凭借土地用途变更证明（或变更后的土地证），向供水、供电、供气专营单位申请执行相关价格政策。变更后的价格政策自申请次月起执行。

十一、托育机构价格政策（鲁发改价格〔2021〕814号）

（一）价格政策：托育机构用水、用电、用气、用暖执行居民价格。其中：用电价格按照我省居民生活用电类别的非居民用户价格执行；用暖价格按照当地居民价格执行；用水价格按照《国家发展改革委住房城乡建设部关于加快建立完善城镇居民用水阶梯价格制度的指导意见》（发改价格〔2013〕2676号）规定执行；用气价格按照《国家发展改革委关于建立健全居民生活用气阶梯价格制度的指导意见》（发改价格〔2014〕467号）规定执行。

（二）申请程序：托育机构申请执行居民类价格的，应向有关单位提交县级以上卫生健康部门核发的托育机构备案回执。符合条件的，自受理次月起执行居民类价格，相关手续每三年续办1次，逾期未办理的，不再执行相关价格政策。

托育机构用水、用电、用气、用暖应实行分表计量。暂未实行分表计量的，由托育机构与有关单位采用定量或定比方式分别计价计费。

十二、监狱监房生活用电价格政策（鲁价格一发〔2015〕48号）

（一）监狱监房生活用电价格按照我省居民生活用电中的合表用户电价执行。

（二）监狱监房生活用电应与办公、生产经营等其他用电实行分表计量。暂未实行分表计量的，由供用电双方采用定量或定比方式分别计价计费。

收费管理篇

收费，包括行政事业性收费、经营服务性收费和服务价格。经营服务性收费分为政府定价的经营服务性收费和实行市场调节价的经营服务性收费。收费实行收费目录清单制度和收费公示制度。服务价格实行主要由市场形成价格的机制，采取市场调节价、政府指导价、政府定价三种价格形式。

本书主要研究行政事业性收费、政府定价的经营服务性收费和实行政府定价、政府指导价的服务价格。

第一章　行政事业性收费

行政事业性收费，是指国家机关、事业单位、代行政府职能的社会团体及其他组织根据法律法规等有关规定，依照国务院规定程序批准，在实施社会公共管理，以及在向公民、法人和其他组织提供特定公共服务过程中，向特定对象收取的费用。

收费标准实行中央和省两级审批制度。国务院和省、自治区、直辖市人民政府（以下简称“省级政府”）的价格、财政部门按照规定权限审批收费标准。未列入行政事业性收费目录清单的收费项目，一律不得审批收费标准。

行政事业性收费管理的依据：《行政事业性收费标准管理办法》《山东省行政性事业性收费管理条例》以及各类收费审批文件等。

第一节　审批权限

一、中央有关部门和单位（包括中央驻地方单位），以及全国或者区域（跨省、自治区、直辖市）范围内实施收费的收费标准，由国务院价格、财政部门审批。其中，重要收费项目的收费标准应当由国务院价格、财政部门审核后报请国务院批准。

二、除上条规定的其他收费标准，由省级政府价格、财政部门审批。其中，重要收费项目的收费标准应当由省级政府价格、财政部门审核后报请省级政府批准。

三、地域成本差异较大的全国或者区域（跨省、自治区、直辖市）范围内实施的收费标准，国务院价格、财政部门可以授权省级政府价格、财政部门审批。

专业性强且类别较多的考试、注册等收费，省级以上政府价格、财政部门可以制定收费标准的上限，由行业主管部门在上限范围内确定具体收费标准。

第二节　收费标准的申请

一、除法律法规和省级以上人民政府另有规定外，收费单位申请制定或者调整收费标准，应当按照管理权限向国务院价格、财政部门或者省级政府价格、财政部门提出书面申请。

国务院价格、财政部门负责审批的收费标准，由中央有关部门，省级政府或者其价格、财政部门向国务院价格、财政部门提出书面申请。

省级政府价格、财政部门负责审批的收费标准，由省级政府有关部门、地市级人民政府或者其价格、财政部门向省级政府价格、财政部门提出书面申请。

二、申请制定或者调整收费标准应当提供以下材料：

（一）申请制订或者调整的收费标准方案、依据和理由，预计年度收费额或者近三年年度收费额、调整后的收费增减额；

（二）申请制定或者调整收费标准的成本测算材料；

（三）相关的法律法规、规章和政策规定；

（四）收费单位的有关情况，包括收费单位性质、职能设置、人员配备、经费来源等；

（五）对收费对象及相关行业的影响；

（六）价格、财政部门认为应当提供的其他相关材料。

申请人应当对提供材料的真实性、完整性、合法性负责。

第三节 审批程序

一、价格、财政部门受理申请后，可对收费成本进行审核，审查申请收费标准与收费单位履行职能需要是否相适应，以及实施收费的操作性、社会承受能力等相关事宜。

价格、财政部门可以委托第三方机构进行收费成本审核。

二、价格、财政部门可以采用召开座谈会、论证会、听证会或者书面征求意见等形式，征求社会有关方面的意见。

三、对符合规定申请的收费标准，应当根据收费的不同性质和成本构成特点实行分类审核。

四、价格、财政部门原则上自受理申请之日起60个工作日内作出收费标准审批决定。申请单位同时申请设立收费项目和制定收费标准的，原则上在收费立项文件印发之日起60个工作日内作出收费标准审批决定。

对需要召开听证会的，根据听证的有关程序执行，听证时间不计入收费标准审批时限。

上述审批时限不包括上报国务院或者省级政府批准的时间。因特殊原因超过审批时限的，应当书面告知申请单位。

五、价格、财政部门审批收费标准的决定，以公文形式发布。主要内容包括收费主体、收费对象、收费范围、计费（量）单位和标准、收费频次、执行期限等。

六、初次制定的收费标准，可以规定试行期。试行期满后继续收费的，申请单位应当在试行期满60个工作日前，按照规定程序和要求重新申请收费标准，由价格、财政部门根据试行情况和本办法规定重新审批。

附：

山东省行政事业性收费标准目录清单(省市县)

序号	项目名称	管理部门	收费对象	政策依据	
				文件名称及文号	收费标准
中央项目(47 项)					
1	认证费(含加急)	外交部门	需办理证书认证的出国公民	价费字〔1992〕198 号,计价格〔1999〕466 号,鲁价费函〔2016〕96 号	1. 民事文书领事认证 50 元/份,商业文书领事认证 100 元/份。当事人要求在 1 个工作日完成的,可另收加急费 50 元/份 2. 代办外交部、驻华使馆认证的民事和商业文书 60 元/份。当事人要求在 1 个工作日完成的,可另收加急费 30 元/份
2	签证费				
	(1)代办外国签证(含加急,限于各国家机关收取的)	外交部门	需代办外国签证的单位和个人	价费字〔1992〕198 号,计价格〔1999〕466 号,鲁价费函〔2016〕96 号	因公出国签证代办费每证每国 240 元。当事人要求当日办理完毕的,可另收加急费每证每国 20 元
	(2)代填外国签证申请表(限于国家机关)	外交部门	需代填外国签证申请表的国家机关	价费字〔1992〕198 号,计价格〔1999〕466 号	每份 10 元

续表

序号	项目名称	管理部门	收费对象	政策依据	
				文件名称及文号	收费标准
3	驻外使领馆收费	外交部门	申请护照者	价费字〔1992〕198号,公通字〔1996〕89号,计价格〔1999〕466号	因公护照每本50元。申请护照者要求加急办理的,在第1个工作日内或立等即取的,每本加收40元;在第2个工作日内取的,每本加收25元
4	公办幼儿园保教费、住宿费	教育部门	公办幼儿园入园幼儿	发改价格〔2011〕3207号,鲁发改成本〔2019〕1222号,鲁发改价格〔2020〕1361号,邹发改价格〔2021〕10号	邹平市公办幼儿园保教费标准(全额预算管理的公办园):省级示范幼儿园490元/生·月;一类幼儿园350元/生·月;二类幼儿园300元/生·月;三类幼儿园260元/生·月。(差额预算管理的公办幼儿园最高上浮幅度不得超过20%,自收自支的公办幼儿园最高上浮幅度不得超过30%,下浮不限)
5	普通高中学费、住宿费	教育部门	国家和企事业单位举办的全日制普通高中学校、完全中学的高中部、初中学校附设的高中班学生	教财〔1996〕101号,鲁财教〔2016〕53号,鲁发改成本〔2020〕648号,鲁发改价格〔2020〕1361号,滨价费发〔2002〕30号	1. 学费:省级重点高中1000元/生·学期;省级规范化学校900元/生·学期;其他高中700元/生·学期 2. 住宿费:一般学生宿舍80元/生·学期;学生公寓(八人)160元/生·学期;学生公寓(六人)200元/生·学期

续表

序号	项目名称	管理部门	收费对象	政策依据	
				文件名称及文号	收费标准
6	中等职业学校学费、住宿费	教育部门	中等职业学校学生	教财〔1996〕101号,鲁财教〔2013〕50号,鲁发改成本〔2020〕648号,鲁发改价格〔2020〕1361号;鲁财教〔2013〕50号;滨价费发〔2002〕30号	1. 全部免除中等职业教育学费 2. 住宿费:一般学生宿舍80元/生·学期;学生公寓(八人)160元/生·学期;学生公寓(六人)200元/生·学期
7	高等学校(含科研院所、各级党校等)学费、住宿费、委托培养费、函大电大夜大及短期培训费	教育部门	高等学校学生	鲁发改成本〔2020〕1085号,鲁价费函〔2018〕72号,鲁价费函〔2018〕74号,鲁发改成本〔2019〕799号,鲁发改成本〔2019〕804号,鲁发改成本〔2019〕805号,鲁发改成本〔2019〕806号,鲁发改成本〔2019〕933号,鲁发改成本〔2020〕1086号,鲁发改成本〔2020〕1190号	1. 高职:文法财经类每生每学年4800元,理工农医类每学年5000元,艺术类每学年7000元 2. 本专科:4000~8000元/生·学年,实行学分制的本专科(高职)在同层次同专业标准基础上上浮10%;独立设置的艺术院校特色专业15000元/生·学年。 3. 校企合作办学:理、工、农、医、艺等5门学科专业每生每学年最高10400元,哲学、经济学、法学、教育学、文学、历史学、管理学等7门学科专业最高8800元。 4. 研究生学费:8000~16000元/生·学年。 5. 住宿费标准:600~1500元/生·学年,空调费每房间400元,按人分摊

续表

序号	项目名称	管理部门	收费对象	政策依据	
				文件名称及文号	收费标准
7					6. 济南大学、山东理工大学、山东财经大学、聊城大学少数民族预科生学费每生每学年4000元 7. 函大、电大、夜大及短期培训费实行市场调节价
8	国家开放大学收费	教育部门	国家开放大学学员	计价格〔2002〕838号，发改价格〔2009〕2555号，财综〔2014〕21号，鲁政办发〔2014〕40号，鲁政办字〔2018〕98号	详见开放大学招生简章
9	▲无线电频率占用费	工业和信息化部门	使用无线电频率行政、事业单位、企业及个人	计价费〔1998〕218号，计价格〔2000〕1015号，计价格〔2002〕605号，发改价格〔2003〕2300号，发改价格〔2005〕2812号，发改价格〔2013〕2396号，发改价格〔2017〕1186号，发改价格〔2018〕601号，发改价格〔2019〕914号	1. 蜂窝公众通信：在全国范围内使用的频段，960兆赫以下频段1600万元/兆赫/年，960～2300兆赫频段1400万元/兆赫/年，2300兆赫以上频段800万元/兆赫/年。在省级范围内使用的频段，960兆赫以下频段160万元/兆赫/年，960～2300兆赫频段140万元/兆赫/年，2300兆赫以上频段80万元/兆赫/年

续表

序号	项目名称	管理部门	收费对象	政策依据	
				文件名称及文号	收费标准
9					2. 集群无线调度系统:全国范围内使用5万/频点,省范围内使用1万元/频点,市范围内使用2000元/频点 3. 电视台:省级台5万元/每套节目,市级台1万元/套节目; 广播电台:省级台5000元/每套节目,市级台500元/每套节目 4. 船舶电台(制式电台):100~2000/每艘 5. 微波站:20~600元/每站每兆赫(发射) 6. 空间电台、地球站:500元/每站每兆赫(发射) 7. 固定电台:1000MHz以下移动电台100元/每台 8. 无线接入系统:450兆赫频段500元/频点/基站 9. 村通工程、村村通工程按发改价格; 2017年7月1日起,无线电频率占用费统一按实际使用频段计费,并降低各频段收费标准,详见发改价格〔2017〕1186号;

续表

序号	项目名称	管理部门	收费对象	政策依据	
				文件名称及文号	收费标准
9					自2018年4月1日起,降低公众移动通信系统和卫星通信系统频率占用费标准,详见发改价格〔2018〕601号;自2019年7月1日起,降低卫星通信系统无线电频率占用费收费标准,详见发改价格〔2019〕914号
10	▲电信网码号资源占用费	工业和信息化部门	在中华人民共和国境内占有、使用码号资源的电信业务经营者	信部联清〔2004〕517号,信部联清〔2005〕401号,发改价格〔2017〕1186号	1. 固定电话网码号:局号,600元/年·局号·本地网;3位短号,210万元/年·号;5位短号跨省使用,12万元/年·号 2. 移动通信网码号:600万元/年·号
11	证照费				
	(1)外国人证件费	公安部门	需办理入境证件的外国公民	价费字〔1992〕240号	
	①居留许可	公安部门	需办理入境居留许可证件的外国公民	发改价格〔2004〕2230号	有效期不满1年的居留许可,每人400元;有效期1年(含1年)至3年以内的,每人800元;有效期3年(含3年)至5年(含5年)的,每人1000元。增加偕行人,每增加1人按上述相应标准收费;减少偕行人,收费标准为每人次200元;居留许可变更的,每次200元

续表

序号	项目名称		管理部门	收费对象	政策依据	
					文件名称及文号	收费标准
11	(1)	②永久居留申请	公安部门	需办理入境永久居留申请证件的外国公民	发改价格〔2004〕1267号	每人1500元
		③永久居留身份证工本费	公安部门	需办理入境永久居留证件的外国公民	发改价格〔2004〕1267号，财税〔2018〕10号	外国人永久居留身份证每证300元，因有效期满、内容变更申请换发或者补发每证300元，丢失补领或损坏换领每证600元
		④出入境证	公安部门	需办理出入境证件的外国公民	公通字〔1996〕89号	100元/证
		⑤旅行证	公安部门	需办理入境旅行证件的外国公民	公通字〔1996〕89号	50元/证
	(2)公民出入境证件费		公安部门	需办理出入境证件的公民	价费字〔1993〕164号，发改价格〔2017〕1186号，发改价格〔2019〕914号	
		①因私护照（含护照贴纸加注）	公安部门	需办理因私护照的公民	价费字〔1993〕164号，计价格〔2000〕293号，发改价格〔2013〕1494号，发改价格〔2017〕1186号，发改价格〔2019〕914号	每本120元，补发每本160元；加页、合订、加注、延期每项次20元

续表

序号	项目名称		管理部门	收费对象	政策依据	
					文件名称及文号	收费标准
11	(2)	②出入境通行证	公安部门	需办理出入境证件的公民	价费字〔1993〕164号，发改价格〔2017〕1186号	每证15元（一次有效）、50元（二次有效）、80元(多次有效)
		③往来（含前往）港澳通行证（含签注）	公安部门	需办理往来港澳通行证的公民	计价格〔2002〕1097号,发改价格〔2005〕77号,发改价格〔2017〕1186号，发改价格〔2019〕914号	往来港澳通行证每本60元,延期、加注每项次20元;前往港澳通行证每本40元。一次有效签注每件15元,二次有效签注每件30元,短期（不超过一年)多次有效签注每件80元,一年以上(不含一年)两年以下(含两个)每件120元,两年以上三年以下(不含三年）160元/件,长期（三年以上,含三年）多次有效签注每件240元
		④港澳居民来往内地通行证（限于补发、换发）	公安部门	需办理来往内地通行证的港澳居民	财税〔2020〕46号,发改价格〔2020〕1516号	港澳居民在内地办理来往内地通行证补发、换发,成人每人350元,证件有效期10年,儿童每人230元,证件有效期5年
		⑤台湾居民来往大陆通行证（含签注）	公安部门	需办理来往大陆通行证的台湾居民	价费字〔1993〕164号，发改价格〔2011〕1389号,发改价格〔2017〕1186号,发改价格规〔2019〕1931号	一次有效往来签注15元,口岸一次有效往来签注50元,一年(含)以内多次有效往来签注每件80元，一年(含)以上、五年(含)以下

续表

序号	项目名称		管理部门	收费对象	政策依据	
					文件名称及文号	收费标准
11	(2)					居留签注每件100元;5年有效期台湾居民往来大陆通行证每证200元,补办每证200元,一次有效通行证每证40元;证件加注每项次20元,一次入出境签注、延期停留、暂住加注每项次20元
		⑥台湾同胞定居证	公安部门	需办理台湾同胞定居证的个人	价费字〔1993〕164号),发改价格〔2017〕1186号	每证8元
		⑦大陆居民往来台湾通行证(含签注)	公安部门	需办理大陆居民往来台湾通行证的个人	价费字〔1993〕164号,发改价格〔2016〕352号,发改价格〔2017〕1186号,发改价格规〔2019〕1931号	大陆居民电子往来台湾通行证(卡式)每证60元,一次有效往来通行证每证15元;前往台湾一次有效签注每件15元,多次有效签注每件80元
	(3)户籍管理证件工本费(限于丢失、补办)		公安部门	丢失、补办和过期失效需重办户籍管理证件的个人	价费字〔1992〕240号,财综〔2012〕97号	
		①居民户口簿	公安部门	丢失、补办和过期失效需重办户籍管理证件的个人	财综〔2012〕97号,鲁价费函〔2018〕6号	居民新立户(包括分户另立户、迁入新立户等)首次申领居民户口簿的,免征工本费;丢失、损坏补办居民户口簿的,每本10元;丢失、损坏补办集体户口簿的,城镇每本40元,农村每本30元

续表

序号	项目名称		管理部门	收费对象	政策依据	
					文件名称及文号	收费标准
11	(3)	②户口迁移证件	公安部门	丢失、补办和过期失效需重办户籍管理证件的个人	财综〔2012〕97号,鲁价费函〔2018〕6号	丢失、损坏补办和过期失效重办户口迁移证、户口准迁证的,每张5元
	(4)居民身份证工本费		公安部门	换领、补领第二代居民身份证的居民	鲁财综〔2018〕61号	换领第二代居民身份证每证20元;丢失补领或损坏换领每证40元。办理临时身份证每证10元 自2018年4月1日起,停征首次申领居民身份证工本费
	(5)▲机动车号牌工本费		公安、农机部门	需办理号牌的汽车、三轮汽车、摩托车、低速货车等机动车车主	发改价格〔2004〕2831号,发改价格规〔2019〕1931号	
		①号牌(含临时)	公安、农机部门	需办理号牌的汽车、三轮汽车、摩托车、低速货车等机动车车主	发改价格〔2004〕2831号,发改价格规〔2019〕1931号	1. 汽车反光号牌每副100元、不反光号牌每副80元 2. 挂车反光号牌每面50元、不反光号牌每面30元 3. 三轮汽车、低速货车、拖拉机反光号牌每副40元、不反光号牌每副25元 4. 摩托车号牌每副35元 5. 机动车临时号牌每张5元

续表

序号	项目名称		管理部门	收费对象	政策依据	
					文件名称及文号	收费标准
11	(4)					上述号牌工本费均含号牌专用固封装置及号牌安装费用
		②号牌专用固封装置	公安、农机部门	需办理号牌的汽车、三轮汽车、摩托车、低速货车等机动车车主	发改价格〔2004〕2831号,发改价格规〔2019〕1931号	单独补发号牌专用固封装置,每个1元
		③号牌架	公安、农机部门	需办理号牌的汽车、三轮汽车、摩托车、低速货车等机动车车主	发改价格〔2004〕2831号,发改价格规〔2019〕1931号	车主自愿安装号牌架的,铁质号牌架及同类产品每只5元(含号牌安装费),铝合金号牌架及同类产品每只10元(含号牌安装费)
	(6)▲机动车行驶证、登记证、驾驶证工本费		公安部门	需办理机动车行驶证、登记证、驾驶证的车主	发改价格〔2004〕2831号,发改价格〔2017〕1186号	行驶证每证10元、临时行驶证每证10元;机动车登记证每证10元;驾驶证每证10元
	(7)▲临时入境机动车号牌和行驶证、临时机动车驾驶许可工本费		公安部门	临时入境不超过三个月的境外机动车车主	发改价格〔2008〕1575号,发改价格〔2017〕1186号	《临时入境机动车号牌和行驶证》每证10元;《临时机动车驾驶许可》每证10元

续表

序号	项目名称	管理部门	收费对象	政策依据	
				文件名称及文号	收费标准
12	外国人签证费	公安部门	办理出入境签证的外国公民	计价格〔2003〕392号	(1)零次、一次签证160元/证;(2)二次签证235元/证;(3)签证延期160元/证;(4)半年多次(含半年)签证425元/证;(5)一年(含一年)至五年(含五年)多次签证635元/证;(6)签证停留期延期160元/证;(7)一次团体签证130元/人;(8)二次团体签证170元/人;(9)团体签证分离160元/份;(10)改变签证种类160元/份;(11)增加、减少偕行人160元/份;(12)增加一次入境有效160元/份;(13)增加二次入境有效235元/份
13	中国国籍申请手续费(含证书费)	公安部门	申请办理中国国籍的外国公民	价费字〔1992〕240号,公通字〔1996〕89号	(1)国籍申请手续费50元/人;(2)加入中国国籍证书200元/证;(3)退出中国国籍证书200元/证;(4)恢复中国国籍证书200元/证

续表

序号	项目名称	管理部门	收费对象	政策依据	
				文件名称及文号	收费标准
14	殡葬收费	民政部门	接受殡葬服务的遗属	发改价格〔2012〕673 号,鲁价费发〔2012〕149 号,鲁发改价格〔2020〕1361 号,滨价函〔2017〕1 号,滨发改价格〔2023〕2 号	(1)火化:①平板火化机火化费 200 元/具;②捡灰火化机火化费 550 元/具(此标准为国家三级殡仪馆收费标准,国家一、二级殡仪馆可分别上浮 20%、10%,7 岁以下儿童减半) (2)遗体接运:①普通灵车遗体接运费(20 公里以内)200 元/具。②高档灵车遗体接运费(20 公里以内)280 元/具(含场内抬尸 40 元,遗体车辆消毒 40 元;超过 20 公里的,每超过 1 公里加收 3 元,按往返里程计算;购车款 20 万以下的为普通灵车,20 万以上的为高档灵车)。③馆外抬尸费 100 元/具(坚持丧属自愿) (3)遗体冷藏存放 120 元/天(不足 12 小时的按半天计算,超过 12 小时不足 24 小时的按 1 天计算) (4)骨灰寄存:①普通木质骨灰架(未封闭和半封闭)30 元/盒·年;②普通木质骨灰架(全封闭)40 元/盒·年;③铝合金等高档架 60 元/盒·年(不足 12 小时的按半天计算,超过 12 小时不足 24 小时的按 1 天计算)

续表

序号	项目名称	管理部门	收费对象	政策依据	
				文件名称及文号	收费标准
15	▲土地复垦费	自然资源部门	在生产建设过程中对土地造成破坏的单位和个人	《山东省土地复垦管理办法》,财税〔2014〕77号,财政部 国家税务总局 国家发改委 民政部 商务部 卫生健康委2019年第76号公告	土地复垦义务人按照土地复垦方案确定的资金数额,在土地复垦费用专门账户中足额预存土地复垦费用
16	▲土地闲置费	自然资源部门	超过国有建设用地使用权有偿使用合同或者划拨决定书约定、规定的动工开发日期满一年未动工开发的国有建设用地使用权人(国土资源部令第53号,第二条)。因不可抗力或者政府、政府有关部门的行为造成动工开发迟延的除外(《城市房地产管理法》,第二十六条)	《城市房地产管理法》,国发〔2008〕3号,财税〔2014〕77号,财政部 国家税务总局 国家发改委 民政部 商务部 卫生健康委2019年第76号公告	按照土地出让或者划拨价款的20%征缴土地闲置费,划拨方式取得土地使用权的,以取得土地发生的成本(扣除税收)为划拨土地价款;出让方式取得土地使用权的,以土地出让金总额为土地出让价款。满两年的无偿收回国有建设用地使用权

续表

序号	项目名称	管理部门	收费对象	政策依据	
				文件名称及文号	收费标准
17	▲不动产登记费	自然资源部门	申请办理不动产登记的单位和个人	发改价格规〔2016〕2559号，财税〔2019〕45号，财税〔2019〕53号，财政部 国家税务总局 国家发改委 民政部 商务部 卫生健康委2019年第76号公告	不动产登记费：住宅类80元/件，廉租住房、公共租赁住房、经济适应住房和棚户区改造安置住房登记收费标准为零；非住宅类550元/件 证书工本费：第一本不动产登记证书免费，每增加一本加收10元。 具体优惠政策详见发改价格规〔2016〕2559号、财税〔2019〕45号、财税〔2019〕53号文件
18	▲耕地开垦费	自然资源部门	没有条件开垦或开垦的耕地不符合要求的占用耕地单位	中发〔2017〕4号，《山东省土地整治条例》，财税〔2014〕77号，财政部 国家税务总局 国家发改委 民政部 商务部 卫生健康委2019年第76号公告	1. 依据中发〔2017〕4号文件，对经依法批准占用永久基本农田的，缴费标准按照当地耕地开垦费最高标准的两倍执行 2. 经批准占用基本农田以外的耕地的，按被占用耕地前3年平均年产值的8－10倍缴纳 3. 依据《山东省土地整治条例》，各设区市人民政府确定的耕地开垦费收取标准

续表

序号	项目名称	管理部门	收费对象	政策依据	
				文件名称及文号	收费标准
19	▲海洋废弃物倾倒费	自然资源部门（海洋局）	中国人民共和国内水、领海、专属经济区、大陆架和其他管辖海域倾倒各类废弃物的企事业单位及其他经济实体	发改价格〔2008〕1927号	1. 清洁疏浚物倾倒费标准为12海里以内倾倒0.30元/立方米；12海里以外倾倒0.15元/立方米。沾污及污染疏浚物倾倒费标准详见发改价格〔2008〕1927号文件 2. 废弃物特性和成分检测收费由国家收取
20	▲污水处理费	住房城乡建设部门	向城镇排水与污水处理设施排放污水、废水的单位和个人	财税〔2014〕151号，发改价格〔2015〕119号，邹发改价格〔2021〕21号	城市居民不低于0.95元/立方米，非居民不低于1.4元/立方米；县城及重点建制镇居民不低于0.85元/立方米，非居民不低于1.2元/立方米
21	▲城市道路占用、挖掘修复费	住房城乡建设部门	1. 向因兴建各种建筑物、构筑物、基建施工、堆物堆料、设置停车位、搭建棚亭、摆设摊点、设置广告标志等占用城市规划区道路的单位和	财税〔2015〕68号，鲁建城字〔2015〕32号，鲁发改成本〔2019〕121号，国办发〔2020〕27号	挖掘修复费：主次干路沥青路面560元/平方米，支路与非机动车道沥青路面450元/平方米，条（料）石路面500元/平方米，彩色沥青路面580元/平方米，水泥混凝土路面500元/平方米，彩色方砖240元/平方米，人行步道方砖220元/平方米，砂石路面100元/平方米 道路占用费：0.5元/平方米．天。对涉及灵

续表

序号	项目名称	管理部门	收费对象	政策依据	
				文件名称及文号	收费标准
21	▲城市道路占用、挖掘修复费	住房城乡建设部门	个人收取城市道路占用费 2. 向因施工、抢修地下管线等挖掘城市规划区内道路的单位和个人收取挖掘修复费		活就业的占道经营,经批准免征城市道路占用费
22	▲车辆通行费(限于政府还贷)	交通运输部门	境内所有政府还贷收费公路	《收费公路管理条例》(国务院令第417号),鲁交财〔2017〕83号,交公路发〔2019〕99号,鲁交财〔2019〕68号,鲁交发〔2020〕10号,鲁交财〔2021〕3号,交公路明电〔2021〕48号,鲁政发〔2021〕4号	车辆通行费实行按车型收费和计重收费两种计征方式。具体收费标准详见鲁交财〔2017〕83号、鲁交财〔2019〕68号、鲁交财〔2021〕3号 自2020年9月1日至2021年12月31日,对行驶我省高速公路安装ETC设备货车实行85折通行费优惠。2021年12月31日前,对执行新冠病毒疫苗货物运输任务的车辆免收车辆通行费
23	▲水土保持补偿费	水利部门	在山区、丘陵区、风沙区以及水土保持规划确定的容易	发改价格〔2017〕1186号,鲁价费发〔2017〕58号,鲁财税〔2020〕17号,鲁发改成本〔2022〕757号	1. 一般性生产建设项目,按照征占用土地面积开工前一次性计征,每平方米1.2元(不足1平方米的按1平方米计,下同)。

续表

序号	项目名称	管理部门	收费对象	政策依据	
				文件名称及文号	收费标准
23	▲水土保持补偿费	水利部门	发生水土流失的其他区域开办生产建设项目或者从事其他生产建设活动，损坏水土保持设施、地貌植被、不能恢复原有水土保持功能的单位和个人。前款所称的其他生产建设活动包括：1. 取土、挖砂、采石（不含河道采砂）；2. 烧制砖、瓦、瓷、石灰；3. 排放废弃土、石、渣		对水利水电工程建设项目，水库淹没区不计征水土保持补偿费 2. 矿产资源开采项目，建设期间，按照征占用土地面积一次性计征，每平方米1.2元。开采期间，石油、天然气以外的矿产资源，按照矿石开采量（采掘、采剥总量）计征，其中，露天开采的每吨1元，非露天开采的每吨0.5元。石油、天然气根据油、气生产井（不包括水井、勘探井）占地面积按年征收，每平方米每年1.2元。每口油、气生产井占地面积按照不超过2000平方米计算；对丛式井每增加一口井，增加计征面积按不超过400平方米计算 3. 取土、挖砂（河道采砂除外）、采石以及烧制砖、瓦、瓷、石灰的，根据取土、挖沙、采石量，按照每立方米1.2元计征（不足1立方米的按1立方米计，下同）。对缴纳义务人已按前两种方式计征的，不再重复计征 4. 排放废弃土、石、渣的，根据排放土、石、渣

续表

序号	项目名称		管理部门	收费对象	政策依据	
					文件名称及文号	收费标准
23	▲水土保持补偿费		水利部门			量,按照每立方米1.2元计征。对缴纳义务人已按前三种方式计征的,不再重复计征 5. 社会投资简易低风险工程建设项目的水土保持补偿费实行减征。占地面积不足0.5公顷且挖填土石方总量不足1千立方米的项目,水土保持补偿费收费标准由每平方米1.2元减按每平方米0.1元征收
24	▲农药实验费		农业农村部门			
		(1)田间试验费	农业农村部门	境外厂商申请农药实验的单位	价费字〔1992〕452号,发改价格〔2015〕2136号,发改价格〔2017〕1186号,鲁价费发〔2015〕88号	田间实验每小区60~200元
		(2)残留试验费	农业农村部门	境外厂商申请农药实验的单位	价费字〔1992〕452号,发改价格〔2015〕2136号,发改价格〔2017〕1186号	农药实(试)验中残留试验费,由现行的每一种剂型,一种作物,一处试验点,两年试验期,收费标准15000~17500元
		(3)药效试验费	农业农村部门	境外厂商申请农药实验的单位	同上	药效实验示范750~900元

续表

序号	项目名称	管理部门	收费对象	政策依据	
				文件名称及文号	收费标准
25	▲渔业资源增殖保护费	农业农村部门	在中华人民共和国的内水、滩涂、领海以及中华人民共和国管辖的其他海域采捕天然生长和人工增殖水生动植物的单位和个人	《渔业资源增殖保护费征收使用办法》(农业部 财政部 国家物价局 1988年令第1号),价费字〔1992〕452号,计价格〔1994〕400号,财综〔2012〕97号,财税〔2014〕101号	详见文件
26	预防接种服务费	卫生健康部门	接受委托提供第二类疫苗接种服务时,向受种者或其监护人收取	省鲁财税〔2020〕3号,鲁发改成本〔2021〕285号	22元/剂次(含接种耗材费)预防新型冠状病毒肺炎疫苗上市后,我省居民接种时免收预防接种服务费
27	▲非免规疫苗储存运输费	卫生健康部门	不直接配送至接种单位的非免规疫苗生产企业	财税〔2020〕17号,鲁财税〔2020〕22号,鲁发改成本〔2022〕857号	10元/剂次
28	鉴定费	卫生健康部门			

续表

序号	项目名称		管理部门	收费对象	政策依据	
					文件名称及文号	收费标准
28	鉴定费	(1)医疗事故鉴定费	卫生健康部门	对医疗事故或文件的确认和处理存在争议的病员及其家属与医疗单位	财综〔2003〕27 号,财税〔2016〕14 号,发改价格〔2016〕488 号,鲁发改成本〔2020〕745 号	国家卫生健康委所属中华医学会鉴定收费标准为每例 8500 元,山东省医学会收费标准为每例 3500 元。市级医学会收费标准为每例 2500 元
		(2)职业病诊断鉴定费	卫生健康部门	有与所从事的职业相关的健康损害的劳动者或用人单位	财税〔2016〕14 号,发改价格〔2016〕488 号,鲁发改成本〔2022〕541 号	省级和设区的市级卫生健康行政部门依法对职业病诊断争议(当事人对职业病诊断过程、结论等存在争议)进行技术鉴定时,可向申请鉴定的当事人所在单位收取职业病诊断鉴定费,收费标准为 4500 元/病例
		(3)预防接种异常反应鉴定费	卫生健康部门	对预防接种异常反应调查诊断结论存在争议的疫苗受种者或监护人、接种单位、疫苗生产企业	财税〔2016〕14 号,发改价格〔2016〕488 号,鲁发改成本〔2022〕379 号	3500 元/病例
29	社会抚养费		卫生健康部门		中共中央国务院关于优化生育政策促进人口长期均衡发展的决定(2021 年 6 月 26 日)	取消社会抚养费,清理和废止相关处罚规定

续表

序号	项目名称		管理部门	收费对象	政策依据	
					文件名称及文号	收费标准
30	▲诉讼费		法院	进行民事诉讼、行政诉讼的当事人	《诉讼费用交纳办法》(国务院令 481 号),财行〔2003〕275 号	按照《诉讼费用交纳办法》有关规定执行
31	▲特种设备检验检测费		市场监管部门	特种设备生产、使用单位	鲁政办字〔2016〕109 号,鲁发改成本〔2020〕816 号,鲁发改成本〔2021〕226 号	详见鲁发改成本〔2020〕816 号、鲁发改成本〔2021〕226 号
32	▲药品注册费		市场监管部门(药品监督管理局)		财税〔2015〕2 号,发改价格〔2015〕1006 号,国家食药总局公告 2015 年第 53 号,鲁财综〔2015〕98 号,财政部国家发改委 2020 年第 11 号公告,鲁发改成本〔2020〕949 号,财政部国家发改委公告 2021 年第 9 号	自 2020 年 1 月 1 日起至 2021 年 12 月 31 日止,对进入药品特别审批程序、治疗和预防新型冠状病毒肺炎(COVID—19)的药品,免征药品注册费
		(1)新药注册费	市场监管部门(药品监督管理局)	药品注册申请人	发改价格〔2015〕1006 号,国家食药总局公告 2015 年第 53 号	临床试验:国产 19.20 万元,进口 37.60 万元; 生产/上市:国产 43.20 万元,进口 59.39 万元

续表

序号	项目名称		管理部门	收费对象	政策依据	
					文件名称及文号	收费标准
32	药品注册费	(2)仿制药注册费	市场监管部门(药品监督管理局)	药品注册申请人	同上	无须临床试验的生产/上市:国产 18.36 万元,进口 36.76 万元;须临床试验的生产/上市:国产 31.80 万元,进口 50.20 万元
		(3)补充申请注册费	市场监管部门(药品监督管理局)	药品注册申请人	发改价格〔2015〕1006 号,国家食药总局公告 2015 年第 53 号,鲁发改成本〔2020〕949 号	常规项(国产)5800 元/品种,须技术审评的 27600 元/品种
		(4)再注册费	市场监管部门(药品监督管理局)	药品注册申请人	同上	(国产)26000 元/品种
		(5)加急费	市场监管部门(药品监督管理局)	药品注册申请人	发改价格〔2015〕1006 号,国家食药总局公告 2015 年第 53 号	加急办理的条件及加急费标准,由国务院食品药品监管部门规定

续表

序号	项目名称		管理部门	收费对象	政策依据	
					文件名称及文号	收费标准
33	▲医疗器械产品注册费		市场监管部门（药品监督管理局）		财税〔2015〕2 号，发改价格〔2015〕1006 号，国家食药总局公告 2015 年第 53 号，鲁财综〔2015〕98 号，财政部国家发改委 2020 年第 11 号公告，鲁财税〔2020〕3 号，鲁发改成本〔2020〕949 号，财政部国家发改委公告 2021 年第 9 号，鲁发改成本〔2022〕761 号	1. 医疗器械产品注册费按照《医疗器械注册与备案管理办法》《体外诊断试剂注册与备案管理办法》确定的注册单元计收。属于变更登记事项的，不收取费用 2. 新冠肺炎疫情防控期间医疗器械产品注册费减免政策，按照财政部、国家发改委《关于延长部分行政事业性收费、政府性基金优惠政策执行期限的公告》（2022 年第 5 号）有关规定执行
		（1）首次注册费	市场监管部门（药品监督管理局）	境内第二类医疗器械产品注册申请人	发改价格〔2015〕1006 号，国家食药总局公告 2015 年第 53 号，财政部国家发改委 2020 年第 11 号公告，鲁财税〔2020〕3 号，鲁发改成本〔2020〕949 号，财政部国家发改委公告 2021 年第 9 号，鲁发改成本〔2022〕761 号	46000 元/注册单元

续表

序号	项目名称		管理部门	收费对象	政策依据	
					文件名称及文号	收费标准
33	医疗器械产品注册费	(2)变更注册费	市场监管部门(药品监督管理局)		发改价格〔2015〕1006号,国家食药总局公告2015年第53号,鲁价费函〔2016〕13号,财政部国家发改委2020年第11号公告,鲁发改成本〔2020〕949号,财政部国家发改委公告2021年第9号,鲁发改成本〔2022〕761号	19200元/注册单元
		(3)延续注册费	市场监管部门(药品监督管理局)		发改价格〔2015〕1006号,国家食药总局公告2015年第53号,(鲁价费函〔2016〕13号,财政部国家发改委2020年第11号公告,鲁发改成本〔2020〕949号,财政部国家发改委公告2021年第9号,鲁发改成本〔2022〕761号	19000元/注册单元
		(4)临床试验申请费	市场监管部门(药品监督管理局)		发改价格〔2015〕1006号,国家食药总局公告2015年第53号	43200元/注册单元

续表

序号	项目名称		管理部门	收费对象	政策依据	
					文件名称及文号	收费标准
33	医疗器械产品注册费	(5)加急费	市场监管部门(药品监督管理局)		同上	加急办理的条件及加急费标准,由国务院食品药品监管部门规定
34	▲商标注册收费		市场监管部门(药品监督管理局)	申请注册的商标申请人	价费字〔1992〕414号,财综字〔1995〕88号,计价格〔1995〕2404号,发改价格〔2008〕2579号,发改价格〔2013〕1494号,发改价格〔2015〕2136号,财税〔2017〕20号,发改价格〔2019〕914号	受理商标注册费300元;续展注册费500元;变更费125元;提交网上申请并接受电子发文的商标业务,免收变更费;其他收费项目,包括受理商标注册费、补发商标注册证费、受理转让注册商标费、受理商标续展注册费、受理续展注册迟延费、受理商标评审费、出据商标证明费、受理集体商标注册费、受理证明商标注册费、商标异议费、撤销商标费、商标使用许可合同备案费,按现行标准的90%收费
35	▲专利收费		市场监管部门(药品监督管理局)	专利申请人或者专利权人	财税〔2016〕78号,发改价格〔2017〕270号,财税〔2018〕37号,财税〔2019〕45号,发改价格〔2022〕465号	收费及减免详见财税〔2016〕78号、发改价格〔2017〕270号、(财税〔2018〕37号、财税〔2019〕45号,发改价格〔2022〕465号

续表

序号	项目名称	管理部门	收费对象	政策依据	
				文件名称及文号	收费标准
36	▲集成电路布图设计保护收费	国家知识产权部门	集成电路布图设计登记申请人	发改价格〔2017〕270号，发改价格〔2017〕1186号	布图设计登记费每件1000元，布图设计登记复审请求费每件1000元，著录事项变更手续费每件每次50元，延长期限请求费每件每次150元，恢复布图设计登记权利请求费每件500元，非自愿许可使用布图设计请求费每件150元，非自愿许可使用布图设计支付报酬裁决费每件150元
37	▲银行业监管费	银保监部门	纳入监管范围的各类商业银行、信用社、财务公司、信托公司、金融租赁公司、邮政储蓄机构等	财税〔2015〕21号，发改价格〔2016〕14号，财税〔2017〕52号，发改价格〔2021〕1947号	详见发改价格〔2016〕14号、财税〔2017〕52号文件
38	▲保险业监管费	银保监部门	对纳入监管范围的各类保险公司、保险资产管理公司、专门从事保险中介业务的机构、外国	财税〔2015〕22号，发改价格〔2016〕14号，财税〔2017〕52号，发改价格〔2021〕1947号	详见发改价格〔2016〕14号、财税〔2017〕52号文件

续表

序号	项目名称	管理部门	收费对象	政策依据	
				文件名称及文号	收费标准
38	▲保险业监管费	银保监部门	保险机构代表处和其他经批准设立的保险机构，收取机构监管费。对纳入监管范围的各类保险公司、专门从事保险中介业务的机构收取业务监管费		
39	▲证券、期货业监管费	证监部门	在中国境内登记注册的证券公司、基金管理公司、期货经纪公司	财税〔2015〕20号，发改价格〔2016〕14号，财税〔2018〕37号，发改价格〔2018〕917号，发改价格〔2021〕1947号	详见发改价格〔2016〕14号、财税〔2018〕37号、发改价格〔2018〕917号文件
40	外国团体来华登山注册费	体育部门	在中国境内攀登对外开放的山峰以及附带在山峰区域内进行科学考察、测绘活动的外国人	价费字〔1992〕207号	由国家体育总局参照国内外惯例制定，报国家价格主管部门、财政部门备案

续表

序号	项目名称	管理部门	收费对象	政策依据	
				文件名称及文号	收费标准
41	▲防空地下室易地建设费	人防部门	城市及城市规划区(含城市新区、开发区、工业园区、保税区和重要经济目标区)内新建民用建筑的建设单位或者个人	计价格〔2000〕474号,国办发〔2011〕45号,财综〔2007〕53号,鲁财综〔2015〕63号,财税〔2014〕77号,财税〔2019〕53号,鲁发改成本函〔2021〕38号,鲁发改成本〔2021〕1074号	1. 收费标准1800元/平方米。国家一类人民防空重点城市、国家二类人民防空重点城市、国家三类人民防空重点城市和不设区的市,计费面积分别按照地面建筑物总面积的9%、8%、7%计算,县城计费面积按照地面建筑物总面积的6%计算 2. 自2021年5月20日起,社会投资简易低风险工程建设项目(社会投资的,总建筑面积不大于3000平方米,高度不大于24米,且地下不超过一层、建筑面积不大于1000平方米,功能单一,技术要求简单,建筑物性质为办公、商业、公共服务设施、普通仓库、标准厂房等项目),防空地下室易地建设费收费标准降为零
42	▲航空业务权补偿费	民航部门	以营利为目的从事外国至中国或中国至外国的客、货包机运输的外国航空公司	发改价格〔2011〕3214号	由中国民用航空局根据国际通行做法制定收费标准,报国家发改委、财政部备案。详见发改价格〔2011〕3214号

续表

序号	项目名称	管理部门	收费对象	政策依据	
				文件名称及文号	收费标准
43	▲适航审查费	民航部门	申请型号合格证、型号设计批准书或型号认可证等航空产品型号批准的单位或个人	发改价格〔2011〕3214号	详见发改价格〔2011〕3214号
44	▲仲裁收费	仲裁部门	申请仲裁的当事人	国办发〔1995〕44号,财综〔2010〕19号,鲁发改成本〔2020〕1452号	仲裁案件处理费按照国办发〔1995〕44号文件规定执行 案件受理费标准:争议金额1000元(含)以下部分按100元交纳;1000元至50000元(含)部分按4%交纳;50000元至100000元(含)部分按3%交纳;100000元至200000元(含)部分按2%交纳;200000元至500000元(含)部分按1.5%交纳;500000元至1000000元(含)部分按0.8%交纳;1000000元(含)以上部分按0.4%交纳
45	造血干细胞配型费	红十字会	申请提供正式检索、血样高分辨检测、血样采集检测、造血干细胞采集移植服务的国(境)外骨髓库或医疗机构	发改价格〔2016〕2492号	收费标准由中华红十字会按照国际对等原则制定,并报国家发改委、财政部

续表

序号	项目名称	管理部门	收费对象	政策依据	
				文件名称及文号	收费标准
46	信息公开信息处理费	相关行政机关	政府信息公开申请人	《中华人民共和国政府信息公开条例》,国办函〔2020〕109号	按件计收收费标准:同一申请人一个自然月内累计申请10件以下(含10件)的,不收费;累计申请11～30件(含30件)的,100元/件;累计申请31件以上部分,以10件为一档,每增加一档收费标准提高100元/件 按量计收收费标准:30页以下(含30页)的,不收费;31～100页(含100页)的部分,10元/页;101～200页(含200页)的部分,20元/页;201页以上的部分,40元/件
47	考试考务费			见相关文件	
地方项目(8项)					
1	普通高中学业水平报名考试费	教育部门	高中学生	鲁发改成本〔2020〕1435号	考试科目为思想政治、语文、数学、外语、历史、地理、物理、化学、生物、信息技术和通用技术,收费标准为16元/科·次
2	中小学住宿费	教育部门	中小学生	鲁发改成本〔2020〕648号,鲁发改价格〔2020〕1361号,滨价费发〔2002〕30号	住宿费:一般学生宿舍80元/生·学期;学生公寓(八人)160元/生·学期;学生公寓(六人)200元/生·学期

续表

序号	项目名称	管理部门	收费对象	政策依据	
				文件名称及文号	收费标准
3	养犬管理服务费	公安部门	养犬的单位和个人	鲁财综〔2007〕27号,鲁财税〔2021〕7号),滨发改价格〔2020〕127号,滨发改价格〔2022〕135号	1. 个人养犬初始登记费350元/只;每年签注费150元/只 2. 单位养犬初始登记费700元/只;每年签注费300元/只
4	机关事业单位人员录用考试报名考务费	人力资源和社会保障部门	参加机关事业单位人员录用考试的个人	鲁发改成本〔2022〕55号	笔试每人每科40元,面试每人每场次70元
5	专业技术职务资格评审费	人力资源和社会保障部门	参加专业技术职务资格评审的个人	鲁发改成本〔2021〕638号	1. 初级专业技术职务资格(职称)评审收费标准为每人次100元;实行"以考代评"评价方式的职称系列(专业),一般设1~2个考试科目,每个科目收费标准为60元 2. 中级专业技术职务资格(职称)评审收费标准为每人次160元;实行"以考代评"评价方式的职称系列(专业),一般设1~3个考试科目,每个科目收费标准为60元 3. 高级专业技术职务资格(职称)评审收费标准为每人次360元;实行"考评结合"评价方式的职称系列(专业),一般设1个考试科目,收费标准为60元

续表

序号	项目名称	管理部门	收费对象	政策依据	
				文件名称及文号	收费标准
5	专业技术职务资格评审费				经人力资源社会保障部门备案同意开展职称评审工作的有关企业、协会等可参照以上收费标准执行。实行职称自主评聘的单位不得收取以上相关费用
6	闸坝维护费	水利部门	闸坝过往车辆	鲁价费发〔2016〕60号	货车:1吨以下(含),10元/车·次;1吨以上至10吨(含),15元/车·次;10吨以上至20吨(含),25元/车·次;20吨以上,30元/车·次 客车:7座以下(含),10元/车·次;7座以上,15元/车·次
7	老年大学学费	老年大学	老年大学学员	鲁发改成本〔2020〕627号,鲁发改成本函〔2020〕157号,邹发改价格〔2020〕11号	1. 山东老年大学:保健、国画、书法、文学、声乐、外语、摄影、戏曲、舞蹈、生活等十类专业每生每学期不超过150元;表演专业每生每学期不超过200元;计算机专业每生每学期不超过240元;器乐专业(电子琴、古琴、手风琴)每生每学期不超过260元;钢琴等特殊专业每生每学期不超过500元。学校可根据不同专业类别及培养层次,在上述标准范围内确定具体收费标准

续表

序号	项目名称	管理部门	收费对象	政策依据	
				文件名称及文号	收费标准
7	老年大学学费				2. 邹平市:(1)计算机类、摄影图片处理、电子琴、钢琴、电钢琴、古筝、手风琴、萨克斯专业 260 元/学员·学年;(2)书画摄影类、戏曲类、声乐类、外语类、生活保健类、文史类、曲艺类、工艺类、体育舞蹈类、其他器乐类专业 180 元/学员·学年
8	新冠病毒核酸检测费	公立医疗机构和县级以上疾病预防控制机构	自愿进行新冠病毒核酸检测的单位和个人	鲁医保发〔2023〕5号	1. 新型冠状病毒核酸检测价格(收费):单人单检最高 12 元/人·次;混和检测(不区分样本数量)最高 2.5 元/人·次。 2. 新型冠状病毒抗原检测价格(收费):抗原检测服务项目最高指导价 1 元/人·次;抗原检测试剂(含采样器具)按照实际采购价零差率销售[“价格项目+检测试剂(含采样器具)”单次监测总价格最高不超过 5 元]

第二章　经营服务性收费

经营服务性收费（服务价格），是指经营者利用场所、设施、设备、技术、劳务、传递等方式提供有偿服务的收费。

政府定价的经营服务性收费（服务价格）分为中央定价的经营服务性收费、省级政府定价的经营服务性收费和授权市、县政府定价的经营服务性收费。

政府定价的经营服务性收费全面实行目录清单制度。推行收费目录清单制度，将政府定价权限定在清单范围以内，也有利于提高收费政策透明度，接受社会监督。

第一节　经营服务性收费管理

经营服务性收费（服务价格）实行主要由市场形成价格的机制，采取市场调节价、政府指导价、政府定价三种价格形式。

县级以上人民政府价格主管部门负责本行政区域内的经营服务性收费（服务价格）工作。

一、下列经营服务性收费（服务价格）实行政府指导价或者政府定价：

（一）具有垄断性、强制性、保护性的服务价格；

（二）重要的公用事业价格；

（三）重要的公益性服务价格；

（四）竞争不充分的中介服务价格；

（五）省人民政府确定的其他服务价格。

以上规定以外的服务价格实行市场调节价，由经营者依据服务项目经营成本、市场供求状况等因素合理确定。

二、制定经营服务性收费（服务价格）政府指导价、政府定价，应当遵循下列原则：

（一）公平、公正、公开和效率；

（二）合理补偿管理或者服务成本，并与市场供求状况、社会承受能力相适应；

（三）促进环境保护、资源节约，以及经济和社会事业可持续发展。

公用事业服务价格实行保本微利、公益性服务价格按照完全补偿或者部分补偿成本、经营性服务价格按照补偿经营成本并合理盈利的原则确定。

三、期限

制定新的服务价格政府指导价、政府定价，应当确定试行期限，试行期不得超过 2 年。

试行期届满需要确定正式价格的，收费单位应当在试行期届满 3 个月前，按照规定的权限和程序重新申报，由原定价机关制定正式价格。正式价格执行期限一般不超过 5 年。

第二节　政府制定经营服务性收费标准程序

制定和调整经营服务性收费（服务价格）标准，须严格按照《政府定价行为规则》（国家发展和改革委员会令 2017 年第 7 号）

有关规定，依法履行价格调查、成本监审或成本调查、听取社会意见、合法性审查、集体审议、作出价格决定等程序。对社会影响较大的，要提前做好风险评估并制订应对预案。关系群众切身利益的项目，要完善配套保障措施，切实保障低收入群体基本生活不受影响。

新制定或调整城市居民生活垃圾处理费标准时，须按照《政府制定价格听证办法》组织听证。

附一：

中央定价的经营服务性收费目录清单

一级项目	二级项目	收费标准	收费文件（文号）	定价部门	行业主管部门	是否涉企	是否行政审批前置	是否涉进出口环节
一、商业银行基础服务收费、银行卡刷卡手续费	（一）商业银行基础服务费	1. 个人跨行柜台转账汇款手续费：每笔0.2万元以下(含0.2万元)，收费不超过2元；0.2万~0.5万元(含0.5万元)，不超过5元；0.5万~1万元(含1万元)，不超过10元；1万~5万元(含5万元)，不超过15元；5万元以上，不超过0.03%，最高收费50元	发改价格规〔2014〕268号、发改价格规〔2017〕1250号	发展改革委、银监会	银监会	否	否	否

续表

一级项目	二级项目	收费标准	收费文件（文号）	定价部门	行业主管部门	是否涉企	是否行政审批前置	是否涉进出口环节
一、商业银行基础服务收费、银行卡刷卡手续费	（一）商业银行基础服务费	2. 对公跨行柜台转账汇款手续费：每笔1万元以下（含1万元），收费不超过5元；1万～10万元（含10万元），不超过10元；10万～50万元（含50万元），不超过15元；50万～100万元（含100万元），不超过20元；100万元以上，不超过0.002%，最高收费200元 3. 个人现金汇款手续费：每笔不超过汇款金额的0.5%，最高收费50元 4. 支票手续费：每笔不超过1元						
	（二）银行卡刷卡手续费	1. 银行卡刷卡交易发卡行服务费 借记卡：不高于0.35%（单笔收费金额不超过13元）；	发改价格规〔2016〕557号	发展改革委、中国人民银行	人民银行	是	否	否

续表

一级项目	二级项目	收费标准	收费文件（文号）	定价部门	行业主管部门	是否涉企	是否行政审批前置	是否涉进出口环节
一、商业银行基础服务收费、银行卡刷卡手续费	（二）银行卡刷卡手续费	贷记卡：不高于0.45% 2. 银行卡刷卡交易网络服务费向发卡机构不高于0.0325%（单笔收费金额不超过3.25元）； 向收单机构：不高于0.0325%（单笔收费金额不超过3.25元）						
二、征信服务收费	（一）机构查询企业信用报告收费	具体收费标准见相关文件	发改价格规〔2019〕1318号	发改委	中国人民银行	是	否	否
	（二）机构查询个人信用报告收费	具体收费标准见相关文件	发改价格规〔2019〕1318号	发改委	中国人民银行	是	否	否
	（三）个人柜台查询自身信用报告收费	每年前2次免费，自第3次起每次收费10元，不得另行收取纸张费、打印费等其他费用	发改价格规〔2019〕1318号	发改委	中国人民银行	否	否	否
	（四）应收账款质押登记收费	30元/件·年	发改价格规〔2019〕1318号	发改委	中国人民银行	是	否	否

续表

一级项目	二级项目	收费标准	收费文件（文号）	定价部门	行业主管部门	是否涉企	是否行政审批前置	是否涉进出口环节
二、征信服务收费	（五）应收账款质押征信登记系统变更登记收费	10元/件·次	发改价格规〔2019〕1318号	发改委	人民银行	是	否	否
	（六）应收账款质押征信登记系统异议登记收费	10元/件·次	发改价格规〔2019〕1318号	发改委	人民银行	是	否	否
三、电信网和互联网网间结算价格	具体收费项目详见相关文件	具体收费标准详见相关文件	工信部电〔2003〕454号、工信部电管函〔2009〕243号、工信部电管〔2013〕506号、工信部信管〔2018〕205号	工业和信息化部	工业和信息化部	是	否	否

续表

一级项目	二级项目	收费标准	收费文件（文号）	定价部门	行业主管部门	是否涉企	是否行政审批前置	是否涉进出口环节
四、民航垄断环节服务收费	（一）机场航空性业务收费	1. 起降费； 2. 停场费； 3. 客桥费； 4. 旅客服务费； 5. 安检费 具体收费标准见相关文件	民航发〔2007〕159号、民航发〔2013〕3号、民航发〔2017〕18号	民航局	民航局	是	否	否
	（二）机场地面服务收费	具体收费标准见相关文件	民航发〔2017〕18号	民航局	民航局	是	否	否
	（三）民航飞行校验服务收费	具体收费标准见相关文件	民航函〔2021〕66号	民航局	民航局	是	否	否
	（四）民航空管服务收费	1. 进近指挥费， 2. 航路费 具体收费标准见相关文件	民航发〔2008〕2号、民航发〔2012〕59号	民航局	民航局	是	否	否
五、沿海、长江干线主要港口及其他所有对外开放港口的服务收费	（一）船舶进出港、靠离泊服务收费	1. 引航（移泊）费；2. 拖轮费；3. 停泊费；4. 围油栏使用费 具体收费标准见相关文件	交水规〔2019〕2号	交通运输部、发展改革委	交通运输部	是	否	是

续表

一级项目	二级项目	收费标准	收费文件（文号）	定价部门	行业主管部门	是否涉企	是否行政审批前置	是否涉进出口环节
五、沿海、长江干线主要港口及其他所有对外开放港口的服务收费	（二）货物港务费	具体收费标准见相关文件	交水规〔2019〕2号	交通运输部、发展改革委	交通运输部	是	否	是
	（三）港口设施保安费	具体收费标准见相关文件	交水规〔2019〕2号	交通运输部、发展改革委	交通运输部	是	否	是

注：上述政府定价经营服务性收费项目和标准，更新时间截止到2022年年底。

附二：

山东省政府定价的经营服务性收费目录清单(省市县)

类型	一级项目	二级项目	收费标准	收费文件（文号）	定价部门	行业主管部门	是否涉企	是否行政审批前置	是否涉进出口环节
交通服务收费	一、车辆通行费	（一）经营性公路（含桥梁和隧道）通行费	高速公路：通行费标准详见文件 普通公路（桥梁）：一类客车、货车10～20元/车次；二类客车、货车15～25元/车次；三类客车15～35元/车次，货车20～35元/车次；四类客车15～40元/车次，货车25～40元/车次；五类、六类货车30～60元/车次	鲁交财〔2021〕3号、鲁交财〔2019〕68号、鲁交财〔2020〕25号、鲁交财〔2021〕66号、鲁交财〔2021〕67号等	交通运输部门会同价格主管部门	交通运输部门	是	否	否
		（二）渡口通行费	货运：20吨以内的8～30元/车次，超过20吨的每吨加收5元/吨；客运：8～20元/车次；拖拉机：8～20元/车次	鲁价工发〔1998〕187号	授权的市、县人民政府		是	否	否

续表

类型	一级项目	二级项目	收费标准	收费文件（文号）	定价部门	行业主管部门	是否涉企	是否行政审批前置	是否涉进出口环节
交通服务收费	二、机动车停放服务收费	(一)公共文化、交通、体育、医疗、教育等公共设施配套停车场(库、泊位),具有垄断经营特征停车场(库、泊位)收费	小轿车:白天2元/小时,夜间0.5元/小时;中型车:白天3元/小时,夜间1元/小时;大型车:白天4元/小时,夜间1元/小时(白天为8时到20时,夜间为20时到次日8时)。前一小时免费,不足一小时按一小时计算	滨发改价格〔2021〕157号,邹发改价格〔2021〕6号	授权的市、县人民政府	公安部门、交通运输部门	否	否	否
		(二)政府投资建设(设立)的停车场(库、泊位)收费					否	否	否
	三、船舶过闸费		拖驳船队重船每次每吨0.35元,空船每次每吨0.3元;货轮不分空重每次每吨0.4元	鲁发改成本〔2020〕1463号	价格主管部门	交通运输部门	是	否	否

续表

类型	一级项目	二级项目	收费标准	收费文件（文号）	定价部门	行业主管部门	是否涉企	是否行政审批前置	是否涉进出口环节
交通服务收费	四、航道通行费		洙水河、北大溜河及老万福河基础通行费 1.75 元/载重吨，里程通行费 0.05 元/公里·载重吨 白马河：由京杭运河主航道通行至鲁顺港和兆丰港的船舶通行费标准为 1.4 元/载重吨，通行至盛达港的船舶通行费标准为 2.1 元/载重吨，通行至太平港和荣信港的船舶通行费标准为 2.7 元/载重吨	鲁价费函〔2018〕79 号、鲁发改成本〔2019〕309 号、鲁发改成本〔2019〕437 号	价格主管部门	交通运输部门	是	否	否
	五、高速公路清障救援服务费	拖车费	基本价（拖行 10 公里以内）350～700 元/车次，拖行 10 公里以上每公里增加 10～30 元。使用平板车的，一、二类车按上述收费标准执行。三类车 1100 元/·次，四类车 1300 元/·次，五、六类车 1600 元/车·次更换车头牵引的，按 1300 元/车·次计收	鲁发改成本〔2020〕529 号	价格主管部门会同交通运输部门	交通运输部门	是	否	否

续表

类型	一级项目	二级项目	收费标准	收费文件（文号）	定价部门	行业主管部门	是否涉企	是否行政审批前置	是否涉进出口环节
交通服务收费	六、汽车客运站服务收费	（一）车辆站务基本服务收费	客运代理费按客运运费的一定比例向承运人计收：一级站不超过10%，二级站不超过8%，三级及以下级别的客运站不超过6%。车辆安全检查服务费每辆次2元	鲁交运管〔2020〕24号	交通运输部门会同价格主管部门	交通运输部门	是	否	否
		（二）旅客基本服务收费	补票退票费：当次客运班车开车2小时前退票的，按票面金额10%计收；开车前2小时内退票的，按票面金额20%计收。因旅客原因延误乘车，在当次客运班车发车1小时内按票面金额50%计收，不足1元按1元计；开车1小时后不办理退票。因客运站或承运人责任延误发车或脱班，应允许旅客退票，免收退票费				是	否	否

续表

类型	一级项目	二级项目	收费标准	收费文件（文号）	定价部门	行业主管部门	是否涉企	是否行政审批前置	是否涉进出口环节
公用事业服务收费	七、生活垃圾处理收费（按经营服务性收费管理的）	（一）居民生活垃圾处理收费	4元/月·人（无法按人口计算的：20元/立方米）	邹发改〔2019〕11号，滨政发〔2013〕20号	授权的市、县人民政府	住建部门	否	否	否
		（二）非居民生活垃圾处理收费	经营性垃圾清运处理费：市区内餐饮类经营场所（包括操作间）1.5元/月·平方米；大型综合类百货商场0.2元/月·平方米；宾馆、旅舍、招待所（按实有床位的50%）5元/月·床位；医院（按实有床位的70%）5元/月·床位。其他经营场所50平方米以下1.2元/月·平方米；51～500平方米1元/月·平方米；501～2000平方米0.8元/月·平方米；2001平方米以上0.6元/月·平方米				是	否	否

续表

类型	一级项目	二级项目	收费标准	收费文件（文号）	定价部门	行业主管部门	是否涉企	是否行政审批前置	是否涉进出口环节
公用事业服务收费	八、有线数字电视基本收视维护费		城镇居民用户有线数字电视基本收视维护费26元/台·月;农村用户有线数字电视基本收视维护费20元/台·月;宾馆、饭店、商场、经营性场所及企事业单位收视维护费26元/台·月	滨价发〔2009〕78号	授权的市、县人民政府	广电部门	否	否	否
其他特定服务收费	九、垄断性交易平台服务收费		具体收费标准见相关文件	鲁发改成本〔2023〕21号,鲁发改成本〔2019〕535号	价格主管部门	国资部门、交通运输部门	是	否	否
	十、公证服务收费	（一）证明文件文书类公证收费	具体收费标准见相关文件	鲁发改成本〔2021〕829号	价格主管部门会同司法部门	司法部门	是	否	否
		（二）证明法律事实类公证收费					是	否	否

续表

类型	一级项目	二级项目	收费标准	收费文件（文号）	定价部门	行业主管部门	是否涉企	是否行政审批前置	是否涉进出口环节
其他特定服务收费	十一、司法鉴定服务收费	（一）法医类司法鉴定收费	具体收费标准见相关文件	鲁发改成本〔2021〕1058号	价格主管部门会同司法部门	司法部门	是	否	否
		（二）物证类司法鉴定收费					是	否	否
		（三）声像资料类司法鉴定收费					是	否	否
	十二、住房物业管理费	（一）普通住宅前期物业服务收费	按照物业服务等级，未配电梯的基准价 0.35～1.4 元/月·平方米；配备电梯的基准价0.7～1.85元/月·平方米，具体收费标准可上下浮动10%。（电梯起始层为住宅的，从一楼起步运行的电梯，起始层住户可免收0.15元/月·平方米电梯运行电费）	邹发改价格〔2021〕22号	授权的市、县人民政府	住建部门	否	否	否

续表

类型	一级项目	二级项目	收费标准	收费文件（文号）	定价部门	行业主管部门	是否涉企	是否行政审批前置	是否涉进出口环节
其他特定服务收费	十二、住房物业管理费	（二）停车服务费	地上：25 元/月·辆；地下：30 元/月·辆						
		（三）车位（库）租赁费	地上：150 元/月·个；地下：200 元/月·个						
	十三、危险废物处置费	医疗废物处置费	1. 二级（含二级）以上医院：病房：2.4 元/床·日（按实际床位数计收）；门诊：0.25 元/人·次（根据就诊患者数）； 2. 专科医院、一级医院：不超过 1500 元/月； 3. 门诊部、卫生诊所：不超过 120 元/月	滨发改价格〔2020〕216 号，滨价发〔2018〕42 号	授权的市人民政府	环保部门	否	否	否
	十四、特种设备检验检测收费（已按经营服务性收费管理的）		具体收费标准见相关文件	鲁发改成本〔2020〕816 号，鲁发改成本〔2021〕226 号，鲁发改价格〔2021〕327 号等	价格主管部门	市场监管部门	是	否	否
		车载气瓶定期检验检测服务费	190 元/只（含拆装费）	滨价发〔2013〕106 号滨价发〔2013〕107 号	授权的市人民政府制定	市场监管部门	是	否	否

第三章　部分收费项目的收费标准管理

第一节　《山东省定价目录》中授权县级定价的收费项目

一、交通运输：省内渡口车辆过渡费标准，农村道路客运票价、城市公交（含城乡公交）票价，客运出租车运价、燃油附加费标准，停车服务收费（具有自然垄断经营和公益性特征的机动车停放服务收费标准）。

二、教育：公办高中学费、公办中等及以下学历教育住宿费、部分服务性收费和代收费标准，非营利性民办中等及以下学历教育学费、住宿费标准；公办、非营利性民办幼儿园保育教育费、住宿费标准。

三、保障性住房及物业服务：公共租赁住房租金标准；普通住宅前期物业服务收费标准。

四、环境保护：生活垃圾处理收费标准，污水处理收费标准。

五、文化旅游：利用公共资源建设的景区门票及景区内游览场所门票、交通服务价格；居民有线数字电视基本收视维护费标准。

六、养老服务：政府运营的养老机构服务收费标准。

七、殡葬服务：殡葬服务机构提供的基本服务收费、公墓维护管理费标准及公益性公墓价格。

其中，制定或调整收费标准（服务价格）时须组织听证的有：城市公交（含城乡公交）票价、城市居民生活垃圾处理收费、利用公共资源建设的景区门票价格。

大多数收费项目，一经制定多年不变，延续执行；有少部分收费项目成本不断变化，收费标准也需及时调整，如非营利性民办中等及以下学历教育学费、住宿费标准，公办、非营利性民办幼儿园保育教育费、住宿费标准等。

第二节 中小学收费管理

中小学收费实行政府定价、政府指导价和市场调节价三种管理方式。

政策依据：《政府制定价格行为规则》《山东省中小学收费管理办法》《山东省中小学教育培养定价成本监审办法》。

一、收费项目和定价权限

中小学收费项目包括学费、住宿费、服务性收费和代收费。

服务性收费项目包括伙食费、校车服务费、补办证卡工本费、课后服务费等。

代收费项目包括作业本费、学生服装费、社会实践活动费、居民基本医疗保险费、意外伤害保险费、教辅材料费、高中课本费等。

公办中小学的住宿费、课后服务费、学生服装费以及公办高中学费等收费项目实行政府定价或政府指导价。非营利性民办中小学的学费、住宿费实行政府指导价。

营利性民办高中收费实行市场调节价。

二、收费标准制定

（一）公办高中的学费标准按照政府投入为主、社会和受教育者合理分担的原则确定，综合考虑当地经济发展水平、办学条件、社会承受能力等因素实行学费动态调整机制，原则上每三年核定一次收费标准。调整公办高中学费标准须经同级人民政府批准。

非营利性民办中小学的学费标准根据学校办学水平、办学成本、市场需求等因素确定。

（二）住宿费标准按实际成本确定。

（三）服务性收费和代收费，应严格按照成本补偿和非营利原则确定。

（四）非营利性民办中小学学费、住宿费，以及公办中小学课后服务费、学生服装费收费标准，由学校根据项目成本及有关情况，向教育部门提出定调价申请，教育部门对定调价申请审核后形成制定价格建议，按照价格管理权限报发改部门批准。制定或调整公办中小学课后服务费标准，须由发改部门会同教育部门报同级人民政府审定。

三、非营利性民办中小学申报收费标准程序和需报送的材料

（一）申报程序

1. 每年的 3 月 15 日以前，民办学校提出书面申请，报市教育主管部门；

2. 教育主管部门对提出申请的各类民办学校的办学资质及相关资料进行审查；

3. 教育主管部门对定调价申请审核后形成制定价格建议，按照价格管理权限报发改部门；

4. 价格、教育主管部门予以审批。

（二）申报应提供的材料

1. 学校关于制定或调整收费标准的申请报告（主送机关：邹平市发展和改革局，邹平市教育和体育局）；

2. 教育培养成本资料；

3. 民办学校办学许可证正、副本；

4. 教育主管部门出具的民办学校办学资质备案证明或办学许可证年度审验检查证明材料；

5. 法人登记证书；

6. 其他相关材料。

（三）申报材料要求

申报材料要求实事求是，全面翔实。其中，申请报告包含以下内容：

1. 学校基本情况，包括学校名称、性质、地址、法人代表、职能配置、人员配备、经费来源及办学类型、招生计划、教学计划等情况；

2. 现行收费标准及执行情况；

3. 申请制定或调整的具体收费项目、标准；

4. 申请制定或调整收费标准的理由和依据；

5. 申请制定或调整的收费标准对学生负担及学校收支情况的影响；

6. 学校近三年的收入和支出等情况。

四、制定或调整中小学收费标准的程序和文书

参照价格管理篇第一章第三节“二、制定（调整）水利工程供水价格的程序和文书”。

第三节 幼儿园收费管理

幼儿园收费实行政府定价、政府指导价、市场调节价等管理方式。

政策依据：《政府制定价格行为规则》《山东省幼儿园收费管理办法》《山东省幼儿园保育教育定价成本监审办法》。

一、收费项目和定价权限

幼儿园收费项目包括保育教育费（简称“保教费”）、住宿费、服务性收费和代收费。

公办幼儿园、普惠性民办幼儿园和其他非营利性民办幼儿园的保教费、住宿费实行政府定价或政府指导价，服务性收费和代收费实行市场调节价（省人民政府另有规定的除外）。营利性民办幼儿园收费实行市场调节价。

二、收费标准制定或调整

（一）对公办幼儿园、普惠性民办幼儿园以及其他非营利性民办幼儿园，实行保教费动态调整机制，原则上每3～5年核定一次保教费收费标准。

公办幼儿园和普惠性民办幼儿园的保教费标准根据当地城乡经济发展水平、办园成本和群众承受能力等实际情况制定或调整。未纳入机构编制管理及其他自收自支的公办幼儿园，各地制定收费标准时可以适当上浮，但不得超过同类型普惠性民办幼儿园收费标准。

其他非营利性民办幼儿园的保教费标准根据办园成本、办园水平、市场需求等因素制定或调整。

（二）幼儿园住宿费标准按实际成本确定。服务性收费应为方便儿童保育教育为目的，按照成本补偿和非营利原则收取。代收费项目按照实际支出情况收取。

（三）成本的调查或监审。公办幼儿园每三年进行一次定期调查或监审，非营利性民办幼儿园实行定调价成本调查或监审。对公办幼儿园的成本调查或监审报告应抄送同级财政、教育等部门。

（四）公办幼儿园确需调整保教费、住宿费标准的，教育部门应在广泛征求各方面意见基础上研究提出调整意见，根据价格管理权限报发改、财政等部门依法履行调整程序。调整公办幼儿园保教费标准须经同级人民政府批准。

调整意见包括幼儿园建设管理情况、年度收费开支、保教费调整幅度、调整理由、调整后的收费增减额、调整后对社会负担和幼儿园收支影响，以及发改、财政等部门要求提供的其他情况。

（五）普惠性民办幼儿园以及其他非营利性民办幼儿园保教费、住宿费标准，由幼儿园根据办学成本和幼儿园建设发展状况，向教育部门提出调整申请，教育部门对调整申请审核后形成调整意见，按照价格管理权限转报发改部门批准执行。

调整意见包括幼儿园性质认定情况、建设管理情况、年度收费开支等，以及发改部门要求提供的其他情况。

三、公办幼儿园收费标准制定或调整

（一）制定或调整公办幼儿园收费费标准

1. 提出制定或调整公办幼儿园保教费标准意见时，应如实提供以下材料：

（1）申请制定或调整收费标准的具体项目；

（2）幼儿园建设管理、年度收费开支情况，现行收费标准和申请制定的收费标准或拟调整收费标准的幅度，以及年度收费额和调整后的收费增减额；

（3）申请制定或调整收费标准的依据和理由；

（4）申请制定或调整收费标准对幼儿家长负担及幼儿园收支的影响；

（5）价格、财政部门要求提供的其他材料。

2. 制定或调整公办幼儿园收费标准的程序、文书。参照价格管理篇第一章第三节“二、制定（调整）水利工程供水价格的程序和文书”。公办幼儿园保教费、住宿费，应按照幼儿园类别、经费形式分别制定收费标准。

（二）幼儿园收费标准核准

公办幼儿园申请核准收费标准，应向价格、教育、财政部门提出申请并如实提供以下材料：

1. 申请核定幼儿园收费标准的报告（正式文件）；

2. 公办幼儿园收费标准核准表，如实填写相关内容；

3. 制定或调整收费标准的成本测算材料，公益类别（财政拨款情况）；

4. 幼儿园法定登记证书、办园许可证，提供正、副本原件及副本复印件；

5. 幼儿园分类认定文件；

6. 要求提供的其他材料。

四、普惠性和非营利性民办幼儿园收费标准的制定或调整

（一）申报程序

1. 由幼儿园根据办学成本和幼儿园建设发展状况，向教育部门提出调整申请（原则上每 3 ~5 年核定一次保教费收费标准）；

2. 教育部门对调整申请审核后形成调整意见（调整意见包括幼儿园性质认定情况、建设管理情况、年度收费开支等，以及发改部门要求提供的其他情况）；

3. 教育部门转报发改部门批准执行。

（二）非营利性民办幼儿园申报收费标准应提供的材料（普惠性民办幼儿园参照执行）

1. 申请核定幼儿园收费标准的报告（正式文件）；

2. 非营利性民办幼儿园收费标准核定表；

3. 制定或调整收费标准的成本测算材料，包括具体成本列支项目、财务状况、生均保育教育成本、固定资产购建情况等内容；

4. 非营利性幼儿园法定登记证书、办园许可证，提供正、副本原件及复印件；

5. 幼儿园分类认定文件；

6. 要求提供的其他材料。

非营利性民办幼儿园应根据办园成本和条件，据实申报收费标准，不得虚高申请备案、不得擅自提高收费标准。

第四节　污水处理收费管理

污水处理收费包括污水处理费和污水处理服务费。

一、邹平市基本情况

（一）污水处理费：邹平市污水处理费按照用水量或排污量收取。

按用水量收费标准。2017 年，邹平市调整污水处理收费标准："县城、重点建制镇污水处理收费标准调整至：居民生活用水每吨 0. 85 元，非居民生活用水和特种用水每吨 1. 20 元。"（邹发

改价格〔2021〕21号）

按排污量收费标准。工业排水每立方米1.20元。（邹平市城市污水处理费征收使用管理办法）

污水处理收费全额上缴邹平市财政。

（二）污水处理服务费。邹平市财政局拨付。市城区是由邹平市政府与污水处理企业签订特许经营协议，并规定污水处理服务价格。市城区污水处理服务价格：2017年以前，污水处理服务基本价格为1.08元/吨；2017年1月1日以后污水处理服务基本价格上调0.109元/吨，达到1.189元/吨。

各镇污水处理企业一般为镇政府投资运营。

二、制定（调整）污水处理收费标准的政策依据

《国家发展改革委　财政部　住房和城乡建设部关于制定和调整污水处理收费标准等有关问题的通知》（发改价格〔2015〕119号）、《国家发展改革委　住房和城乡建设部关于进一步做好污水处理收费有关工作的通知》（发改价格〔2022〕1096号）

三、注意事项

（一）合理调整污水处理收费标准。污水处理收费标准原则上应补偿污水处理设施建设运营以及污泥处置成本并有一定盈利，促进污水处理行业良性循环。各地要在成本监审（污水处理成本监审工作指引见对件）基础上，综合考虑地方财力、社会承受能力等因素，合理调整污水处理收费标准并定期校核。收费标准偏低或不能称补成本的，要抓紧出台污水处理费调整方案。一步到位有困难的，污水处理费标准可分部调整，逐步到位。

（二）积极推进污水处理差别化收费和按效付费。各地应积极建立污水处理差别化收费机制，根据污水中主要污染物种类、

浓度、企业环保信用评级等指标，分类分档制定差别化收费标准。对于印染、化工、造纸、医药等对水环境污染较重产业聚集区和工业园区，要率先推行污水排放差别化收费政策。推动建立污水处理服务费与污水处理厂进水污染物浓度、污染物削减量、出水水质、污泥无害化稳定化处理效果挂钩的按效付费机制。推动污水处理项目采用公开招投标等方式，通过市场竞争确定污水处理服务费水平，鼓励支持各地结合实际、将城镇不同区域、规模、盈利水平的污水处理项目打包，统一确定污水处理服务费，促进市县和乡镇污水处理统筹发展。

第五节　收费公示制度

公示内容：收费单位应当在收费地点的显著位置公示收费项目、收费标准、收费主体、计费单位、收费依据、收费范围、收费对象、减免规定、监督举报电话等，自觉接受社会监督。

公示方式：公示采取设立公示栏、公示牌、价目表或电子显示屏、电子触摸屏等方式。公示栏的设立要以“看得见、说得清、留得住”为原则，做到项目齐全，内容真实合法，标示醒目，字迹清晰，长期固定设置在收费场所或社区等方便群众阅读又不易损坏的地方。

法律责任：收费单位未按照规定向社会公示收费项目、收费标准收费的，由价格、财政部门按照职责分工责令改正，并由市场监管部门按照有关法律法规和党中央、国务院关于收费管理的有关规定进行查处。

成本监审篇

成本监审是政府制定和调整价格的重要程序，是价格监管的重要内容。.

定价成本，是指定价机关核定的经营者生产经营或者提供政府制定价格的商品或者服务的合理费用支出，是政府制定价格的基本依据。

成本监审，是指定价机关通过审核经营者成本，核定政府制定价格成本（以下简称“定价成本”）的行为，是政府制定价格的重要程序，是价格监管的重要内容。

成本监审项目实行目录管理。成本监审目录由国务院价格主管部门和省、自治区、直辖市人民政府价格主管部门分别依据中央和地方定价目录确定，并及时向社会公布。

自然垄断环节以及依成本定价的重要公用事业和公益性服务应当列入成本监审目录。成本监审目录应当根据政府定价目录修订情况和价格监管需要适时调整。

列入成本监审目录的商品和服务，未经成本监审的，不得制定价格，没有正式营业或者营业不满一个会计年度的除外。

成本监审包括制定价格前监审和定期监审两种形式。

第一节 政策依据

一、综合性政策包括：

《政府制定价格成本监审办法》（2017 年国家发改委令第 8 号）；

《国家发展改革委关于加强政府定价成本监审工作的意见》（发改价格〔2016〕1329 号）；

《山东省定价成本监审目录》（鲁发改价格〔2021〕565 号）。

二、根据不同商品和服务实际，制定的具体商品和服务的定价成本监审办法包括：

《山东省集中供热定价成本监审办法》（鲁发改成本〔2019〕925 号）；

《物业服务定价成本监审办法（试行）》的通知（发改价格〔2007〕2285 号）；

《输配电定价成本监审办法》（发改价格规〔2019〕897 号）、《城镇供水定价成本监审办法》（国家发改委、住建部第 45 号）；

《山东省城镇管道燃气配气定价成本监审办法》（鲁发改成本〔2020〕1331 号）；

《天然气管道运输定价成本监审办法（暂行）》（发改价格规〔2021〕818 号）；

《水利工程供水定价成本监审办法》（国家发改委令第 55 号）；

《山东省幼儿园保育教育定价成本监审办法》（鲁发改成本〔2020〕576 号）；

《山东省中小学教育培养定价成本监审办法》（鲁发改成本〔2020〕1407 号）等。

第二节 成本监审程序

一、程序。成本监审须履行书面通知、资料初审、实地审核、意见告知、出具报告等程序。

二、定价机关实施成本监审，应当书面通知有关经营者，明确成本监审范围、监审形式、监审期间（成本审核会计年度期间），以及需要提供的资料和进行实地审核的要求等内容。

三、经营者应当自收到书面通知之日起20个工作日内提供相关商品或者服务成本监审所需资料（以下简称“成本资料”），并对所提供成本资料的真实性、合法性、完整性负责。成本资料应当包括下列内容：

（一）按照定价机关要求和规定表式核算填报的成本报表、主要成本项目的核算方法、成本费用分摊方法及其相关依据；

（二）经会计师事务所审计或者政府有关部门审核的年度财务报告；

（三）生产量、销售量、服务量以及相关的统计报表；

（四）成本监审所需的其他资料。

四、定价机关应当自收到经营者报送成本资料之日起10个工作日内对其完整性进行初审，资料不完整的，应当要求经营者限期补充。

五、经营者报送的成本资料经初审合格的，定价机关应当开展实地审核，调查了解经营者生产经营情况，查阅、复制有关资料，按照本办法第三章和相关商品或者服务的定价成本监审办法及有关规定对经营者成本进行审核。

实地审核过程中，定价机关可以根据工作需要，要求经营者补充提供成本相关资料。

六、定价机关应当将经营者成本审核初步意见告知经营者。经营者对成本审核初步意见有异议的，可以向定价机关提出书面意见及理由。

七、定价机关应当在对成本监审程序、成本审核方法和标准等进行复核后，核定定价成本，出具成本监审报告。成本监审报告包括：

（一）成本监审项目；

（二）成本监审依据；

（三）成本监审程序；

（四）经营者基本情况；

（五）经营者成本审核情况；

（六）成本监审结论；

（七）定价成本核定表；

（八）其他需要说明的事项。

八、成本监审工作人员与经营者有利害关系的，应当回避。定价机关及其工作人员不得将获得的经营者成本资料用于价格监管以外的任何其他目的，不得泄露经营者的商业秘密。

九、定价机关应当按照档案管理制度建立成本监审卷宗并存档。卷宗应当实行“一项目一卷宗”制度，内容包括成本监审书面通知、经营者报送的成本资料、成本监审报告等。

第三节　定价成本核定

一、核定定价成本遵循以下原则：

（一）合法性。计入定价成本的费用应当符合有关法律、法规，财务制度和国家统一的会计制度，以及价格监管制度等规定。

（二）相关性。计入定价成本的费用应当与定价商品或者服务生产经营过程直接相关或者间接相关。

（三）合理性。计入定价成本的费用应当反映生产经营活动正常需要，并按照合理方法和合理标准核算；影响定价成本水平的主要技术、经济指标应当符合行业标准或者公允水平。

二、核定定价成本，应当以经会计师事务所审计或者政府有关部门审核的年度财务报告以及手续齐备的原始凭证及账册为基础，有关费用按照《政府制定价格成本监审办法》（2017 年国家发改委令第 8 号）第二十四条至第三十九条规定核定。

三、原材料、燃料和动力的单位产品消耗数量、损耗率等主要技术指标，应当按照有关消耗定额或者损耗率的国家标准或者行业标准核定，没有国家标准或者行业标准的，参照可比经营者平均水平核定。同行业内各经营者之间技术指标不可比的，应当考虑经营者实际情况和区域差异等因素，并参照经营者历史水平合理核定。

原材料、燃料等购进价格明显高于同期同类产品市场平均价格的，原则上应当按照同期同类产品市场平均价格确定其进货成本。

四、职工工资总额按照职工平均工资与职工人数核定。其中，职工平均工资原则上据实核定，但不得超过统计部门公布的当地该行业职工平均工资水平；职工人数按照实际在岗职工人数核定，政府有关部门或者行业有明确规定的，不得超过其规定人数。由政府有关部门进行工资管理的，职工工资总额上限为按照其工资管理规定核定的数值。

因解除与职工的劳动关系给予的补偿，按照一定年限分摊计入定价成本。

五、工会经费、职工教育经费、职工福利费、社会保险费（包含补充医疗和补充养老保险）、住房公积金，审核计算基数原则上按照经营者实缴基数核定，但不得超过核定的工资总额和当地政府规定的基数，计算比例按照不超过国家或者当地政府统一规定的比例确定。应当在工会经费、职工教育经费和职工福利费中列支的费用，不得在其他费用项目中列支。

六、固定资产、无形资产等各类资产的原值，参照合理规模，遵循历史成本原则核定。按照规定进行过清产核资的，根据有关部门认定的固定资产价值核定。未投入实际使用的、不能提供价值有效证明的、由政府补助或者社会无偿投入的资产，以及评估增值的部分不得计提折旧或者摊销费用。

七、固定资产折旧方法采用年限平均法（交通运输等行业可以采用工作量折旧法）。折旧年限应当根据固定资产的性质、设计使用年限和行业规范，并考虑资产使用状况合理核定。经营者确定的固定资产折旧年限明显低于实际使用年限，成本监审时应当按照实际使用年限调整折旧年限。残值率一般按3%～5%计算。行业定价成本监审办法有规定的，从其规定。

八、实行特许经营的，固定资产折旧年限按照不同情况分别处理：

（一）特许经营期满后资产无偿移交的，固定资产折旧年限最高不超过特许经营期；

（二）特许经营期满后资产有偿转让的，按照《政府制定价格成本监审办法》（2017年国家发改委令第8号）第二十八条规定确定折旧年限。

九、无形资产从开始使用之日起，在有效使用期限内分摊计入年度费用中。其中，土地使用权费已计入地面建筑物价值且无法分离的，随建筑物提取折旧；其他按照土地使用权年限分摊。特许经营权费用原则上不得计入定价成本，政府规定允许计入的，按照特许经营年限分摊，没有特许经营年限的按30年分摊。专利权等其他无形资产，按照受益年限分摊，没有明确受益年限的按不少于10年分摊。

十、修理费用原则上据实核定，也可以按照固定资产原值的一定比例核定，或者在固定资产原值的一定比例内据实核定。

十一、管理费用中，人员相关费用按照《政府制定价格成本监审办法》（2017年国家发改委令第8号）第二十五和二十六条规定核定；会议费、交通费、差旅费、业务招待费等非生产性费用按照监审期间内平均水平核定，其中业务招待费不得超过当年主营业务（指生产经营监审商品或者服务的业务，下同）收入的5‰。

十二、销售费用中，人员相关费用按照《政府制定价格成本监审办法》（2017年国家发改委令第8号）第二十五和二十六条规定核定，其他项目原则上据实核定。

十三、财务费用中的利息支出原则上据实核定。年度利息支出差异较大的，按照还款期计算的年平均利息核定。自有资本金比例未达到国家规定的，不足部分的借款利息不得计入定价成本。

十四、经营者获得的与监审商品或者服务有关的政府补助，用于购买固定资产的，按照《政府制定价格成本监审办法》（2017年国家发改委令第8号）第二十七和二十八条规定核定；用于补助专门项目的，直接冲减该项费用；未明确规定专项用途的，应当冲减总成本。

十五、经营者生产经营多种商品或者服务的，应当采取合理的方法分摊共同发生的费用。

十六、其他业务成本应当单独核算，不计入监审商品或者服务成本。其他业务与主营业务共同使用资产、人员或者统一支付费用，依托主营业务从事生产经营活动，以及因从事主营业务而获得政府优惠政策，不能单独核算或者核算不合理的，应当将其他业务收入按照一定比例冲减总成本。该比例可采用收入比、直接人员数量比、资产比或者其他合理方法确定。

十七、本办法未规定的其他费用，有关法律法规和国家政策已明确规定核算原则和标准的，按照相关规定核定；没有明确规定的，原则上据实核定，但应当符合公允水平。

十八、下列费用不得计入定价成本：

（一）不符合《中华人民共和国会计法》等有关法律、行政法规，财务制度和国家统一的会计制度，以及价格监管制度等的费用；

（二）与监审商品或者服务生产经营过程无关的费用；

（三）虽与监审商品或者服务生产经营过程有关，但有专项资金来源予以补偿的费用；

（四）固定资产盘亏、毁损、闲置和出售的净损失；

（五）向上级公司或者管理部门上交的利润性质的管理费用、代上级公司或者管理部门缴纳的各项费用、向出资人支付的利润分成以及对附属单位的补助支出等；

（六）各类捐赠、赞助、滞纳金、违约金、罚款，以及计提的准备金；

（七）公益广告、公益宣传费用，以及垄断性行业的各类广告费；

（八）经营者过度购置固定资产所增加的支出（折旧、修理费、借款利息等）；

（九）其他不合理费用。

十九、同种商品或者服务有多个经营者的，应当在审核单个经营者成本基础上，通过汇总平均，核定商品或者服务的定价成本。

第四节 成本监审文书

成本监审的必备文书包括卷宗、卷内目录、成本监审通知、成本监审补充资料的通知、成本监审提取材料登记表、成本核定表、成本监审讨论记录、成本审核初步意见的告知书、成本监审报告。

列举几种文书格式及内容如下，供参考。

例一：成本监审通知（正式文件形式）

×××（单位）

关于开展××定价成本监审工作的通知

（×发改成监通〔20××〕×号）

（被监审单位）：

为×××，根据《政府制定价格成本监审办法》（国家发展改革委令第8号）和《×××》等有关规定，决定对你单位×××开展定价成本监审。现将有关事项通知如下：

一、成本监审对象

二、成本监审范围和期间

（一）范围：

（二）期间：

三、工作组织

本次成本监审工作……监审组将视疫情形势变化，采用“线上+线下”等方式灵活履行资料初审、实地审核、意见告知、出具报告等程序。

四、工作要求

（一）对被监审单位要求。×××要按照要求准备相关基础资料（附件1），填报调查表（附件2）。于本通知下发之日起20个工作日内，将相关的成本资料和数据报送我委（局），并积极配合做好实地审核等工作。拒绝提供成本监审所需资料，或提供资料不真实、不完整的，将按照《政府制定价格成本监审办法》有关规定严肃处理。

（二）对监审人员要求。监审人员要严守工作纪律，完整记录工作进展，保存审核过程表和工作底稿，遇到重要问题要及时上报，通过集体讨论决定。要做好与企业的沟通，广泛听取意见建议，确保监审结果客观、公正、合理。

联系人：×××　电话：　电子邮箱：

附件：1. 资料清单

2. ×××定价成本监审调查表

成本监审机构名称（盖章）

×年×月×日

例二：成本审核初步意见的告知书（正式文件）

×××（单位）
关于成本审核初步意见的告知书

（×发改成监告〔20××〕×号）

（被监审单位名称）：

根据《政府制定价格成本监审办法》等规定，我们于×年×月×日至×年×月×日对你单位（商品或服务名称）成本进行了监审。现将审核情况告知你们，如有异议，请在5日内向我们提出书面意见。

一、成本核减情况及原因

二、成本核增情况及原因

三、成本核定结论

附：×（单位名称）×（商品或服务名称）成本核定表

联系人：×××　　电话：

成本监审机构名称（盖章）

×年×月×日

例三：成本监审报告

×××（单位）

关于××（被监审单位）××（商品或服务名称）

的成本监审报告

（×发改成监〔20××〕×号）

根据《政府制定价格成本监审办法》（国家发展改革委令第8号）等，我们于×年×月×日至×年×月×日对××（被监审单位）××（商品或服务名称）的成本进行了监审。现将有关情况报告如下：

一、成本监审项目

二、成本监审依据

（一）《中华人民共和国价格法》；

（二）《政府制定价格行为规则》（国家发展改革委令第7号）；

（三）《政府制定价格成本监审办法》（国家发展改革委令第8

号)；

(四)《××(项目)定价成本监审办法》；

(五)《山东省定价成本监审目录》(鲁发改价格〔2021〕565号)；

(六)《中华人民共和国会计法》、《企业会计准则》(财政部)、《企业会计制度》(财政部)及相关行业财务会计制度；

(七)其他相关文件及规定。

三、成本监审的程序

(一)受理。××通知发出后，被监审单位于×年×月×日向我们报送了相关成本资料，经初审合格，决定受理。

(二)成立监审工作组。明确项目监审负责人和监审人员等，并告知被监审单位。

(三)制订工作方案。明确项目名称和监审对象、监审步骤等。

(四)补充资料。资料不全的，要求被监审单位补充资料。

(五)实地监审。×年×月×日开始对被监审单位实地监审。审核财务报表、账簿和凭证等，了解相关情况。

(六)审核、测算定价成本。依据相关文件，按照权责发生制和相关性原则对被监审单位各项成本数据进行审核、调整和测算，计算出定价成本。

(七)征求意见。根据审核情况，经集体讨论后起草了成本监审告知书，并于×年×月×日向(被监审单位)送达了(×发改成监告〔20××〕×号)告知书，被监审单位无异议(如有异议，再实施其他相关程序，并做进一步说明)。

(八)出具成本监审报告。

四、被监审单位的基本情况

×(单位名称)，位于(地址)，法定代表人：×××，职工人数×，主要经营业务×，注册资本××（等其他认为必要的内容）。

五、成本审核的主要内容及核算分摊方法

六、成本核增、核减情况及原因说明

（一）成本核减项目

……

（二）核增项目

……

七、成本监审结论

八、定价成本核定表

（可用文字说明分类定价成本是多少，正文中列简表，详细的表作为附件列上）

九、其他需要说明的事项

1. 本报告是根据××（被监审单位）所提供的会计资料作出的，会计资料的真实性、合法性由被监审单位负责。

2. 本监审机构及参加本次监审的工作人员与被监审单位无任何利害关系。

3. 其他需要说明的事项。

监审人员（签字）：

监审机构负责人（签字）：

成本监审机构名称（盖章）

×年×月×日

抄报：上一级成本调查机构

抄送：被监审单位

附 录

附录一：

中央定价目录

（2019年12月18日经国家发展改革委第5次委务会通过
2020年3月13日国家发展改革委令第31号公布
自2020年5月1日起施行）

<table>
<tr><th>序号</th><th>项目</th><th colspan="2">定价内容</th><th>定价部门</th><th>备注</th></tr>
<tr><td>1</td><td>输配电</td><td colspan="2">省及省以上电网输配电价</td><td>国务院价格主管部门</td><td></td></tr>
<tr><td>2</td><td>油气管道运输</td><td colspan="2">跨省（自治区、直辖市）管道运输价格</td><td>国务院价格主管部门</td><td>企业内部自用管道除外</td></tr>
<tr><td rowspan="2">3</td><td rowspan="2">基础交通运输</td><td rowspan="2">铁路运输服务</td><td>中央管理企业全资及控股铁路普通旅客列车硬座、硬卧票价率</td><td>国务院价格主管部门</td><td>定价范围不包括动车组列车、社会资本投资控股新建铁路客运专线</td></tr>
<tr><td>中央管理企业全资及控股铁路大宗货物、行李运价率</td><td>国务院价格主管部门</td><td>定价范围为整车运输的煤、石油、粮食、化肥等货物和行李运价率。社会资本投资控股新建铁路货物运输除外</td></tr>
</table>

续表

序号	项目	定价内容		定价部门	备注
3	基础交通运输	港口服务	沿海、长江干线主要港口及其他所有对外开放港口的垄断服务收费	国务院交通运输主管部门会同国务院价格主管部门	定价范围为船舶进出港、靠离泊和港口安保等服务
		民航运输服务	不具备竞争条件的民航国内航线及国际航线国内段旅客票价率民航保障服务垄断环节收费	国务院民用航空主管部门会同国务院价格主管部门国务院民用航空主管部门	头等舱、公务舱除外定价范围为民用机场、军民合用机场垄断环节服务收费，民航飞行校验服务收费，民航空管服务收费
4	重大水利工程供水	中央直属及跨省（自治区、直辖市）水利工程供水价格		国务院价格主管部门	供需双方自愿协商定价的除外
5	重要邮政服务	信函寄递资费		国务院价格主管部门会同国务院财政部门、国务院邮政管理部门	
		邮政汇兑资费			
		机要通信资费			
		国家规定报刊发行资费			
		单件重量不超过10千克的包裹寄递资费		国务院价格主管部门会同国务院财政部门、国务院邮政管理部门	竞争性领域（含计泡包裹）除外
6	重要专业服务	商业银行基础服务收费、银行卡刷卡手续费		国务院价格主管部门会同中国人民银行、国务院银行业监管机构（具体根据职责分工确定）	定价范围为转账汇款、现金汇款、票据等商业银行基础服务，银行卡刷卡服务（收单服务费等竞争性环节除外）

续表

序号	项目	定价内容		定价部门	备注
7	特殊药品及血液	特殊药品	麻醉药品和第一类精神药品价格	国务院医疗保障部门	
		血液	公民临床用血的血站供应价格	国务院卫生健康部门会同国务院价格主管部门	

注：1. 法律、行政法规明确规定实行政府定价、政府指导价的项目，自动进入本目录；法律、行政法规明确规定实行市场调节价的项目，自动退出本目录。根据价格领域简政放权、放管结合、优化服务等改革进展，定期修订本目录。

2. 本目录不包括地方定价项目，地方定价权限和适用范围由地方定价目录确定。列入本目录的定价内容，包括具体价格、收费标准、基准价及其浮动幅度，以及相关的定价机制、办法、规则等。对涉及民生的价格和收费，充分考虑社会承受能力，进行合理监管，保障困难群众生活。

3. 通过市场交易的电量价格，由市场形成。燃煤发电电价机制以及核电等尚未通过市场交易形成价格的上网电价，暂由国务院价格主管部门制定，视电力市场化改革进程适时放开由市场形成。尚未通过市场交易形成价格的销售电价暂按现行办法管理，视电力市场化改革进程适时放开由市场形成。居民、农业等优先购电电量的销售电价，由国务院价格主管部门制定定价原则和总体水平，省级价格主管部门制定具体价格水平。

4. 海上气、页岩气、煤层气、煤制气、液化天然气、直供用户用气、储气设施购销气、交易平台公开交易气，2015 年以后投产的进口管道天然气，以及具备竞争条件省份天然气的门站价格，由市场形成；其他国产陆上管道天然气和 2014 年年底前投产的进口管道天然气门站价格，暂按现行价格机制管理，视天然气市场化改革进程适时放开由市场形成。成品油价格暂按现行价格形成机制，根据国际市场油价变化适时调整，将视体制改革进程全面放开由市场形成。电信网、互联网网间结算价格按《工业和信息化部关于调整固定本地电话网营业区间结算标准的通知》（工信部电管函〔2009〕243号）等文件执行。

5. 征信服务（金融信用信息基础数据库运行机构提供的信用报告查询服务和应收账款质押登记服务）收费暂按现行办法管理，待相关事业单位分类改革、职能调整到位后，及时调整收费管理方式。国防运输价格按《中华人民共和国国防交通法》有关规定执行。

6. 社会资本投资控股新建铁路按《国家发展改革委关于放开部分铁路价格的通知》（发改价格〔2014〕2928号）有关规定执行。

7. 行政事业性收费项目和标准的审批属于政府内部审批事项，继续按现行办法管理。

附录二：

山东省发展和改革委员会
关于公布《山东省定价目录》的通知

（鲁发改价格〔2020〕1361 号）

各市人民政府，省直有关部门：

《山东省定价目录》已经省政府同意，并报国家发改委审定，现予公布，自 2021 年 2 月 1 日起施行。

《山东省物价局关于公布〈山东省定价目录〉的通知》（鲁价综发〔2018〕54 号）和《山东省物价局关于明确〈山东省定价目录〉有关问题的通知》（鲁价综发〔2018〕90 号）同时废止。

附件：山东省定价目录

山东省发展和改革委员会

2020 年 12 月 22 日

附件：

山东省定价目录

（鲁发改价格〔2020〕1361号）

<table>
<tr><th>序号</th><th>项目</th><th colspan="2">定价内容</th><th>定价部门</th><th>备注</th></tr>
<tr><td>1</td><td>输配电</td><td colspan="2">省级以下电网输配电价</td><td>省价格主管部门</td><td></td></tr>
<tr><td rowspan="3">2</td><td rowspan="3">油气管道运输和燃气</td><td colspan="2">省内管道运输价格</td><td>省价格主管部门</td><td>企业内部自用管道除外</td></tr>
<tr><td colspan="2">进口液化天然气接收站气化服务价格</td><td>省价格主管部门</td><td></td></tr>
<tr><td colspan="2">城镇管道燃气销售价格和配气价格</td><td>授权市、县人民政府</td><td></td></tr>
<tr><td rowspan="4">3</td><td rowspan="4">供水</td><td rowspan="3">水利工程供水</td><td>省内跨市水利工程的供水价格</td><td>省价格主管部门</td><td rowspan="3">水利工程由用户自建自用的和通过协议明确由供需双方协商定价的部分除外</td></tr>
<tr><td>不跨市的省属水利工程、市辖区跨县和市属水利工程的供水价格</td><td>授权市人民政府</td></tr>
<tr><td>县属水利工程的供水价格</td><td>授权县人民政府</td></tr>
<tr><td colspan="2">辖区内城乡公共管网供应的自来水价格</td><td>授权市、县人民政府</td><td>农村村民自建、自管的自来水价格除外</td></tr>
<tr><td>4</td><td>供热</td><td colspan="2">供热价格</td><td>授权市、县人民政府</td><td>定价范围为辖区内集中供热企业，国家另有规定的除外</td></tr>
</table>

续表

序号	项目	定价内容		定价部门	备注
5	交通运输	车辆（船舶）通行服务费	政府还贷公路（含桥梁和隧道）车辆通行费标准	省交通运输主管部门会同省价格、财政主管部门	报省人民政府批准
			经营性公路（含桥梁和隧道）车辆通行费标准	省交通运输主管部门会同省价格主管部门	报省人民政府批准
			航道通行费和船舶过闸费标准	省价格主管部门	
			堤防（闸桥）养护费标准	省价格主管部门	
			城市道路桥梁和隧道通行费标准	授权市人民政府	
			省内渡口车辆过渡费标准	授权市、县人民政府	
		铁路和道路客运价格	省内地方国企全资及控股铁路、地方国企和央企各占50%股权铁路普通旅客列车硬座、硬卧票价率	省价格主管部门	
			汽车客运站服务收费标准	省价格主管部门会同省交通运输主管部门	定价范围为车辆站务基本服务收费、旅客基本服务收费，班车客运经营者、旅客可自主选择的服务收费项目除外
			农村道路客运票价	授权市、县人民政府	

续表

序号	项目	定价内容		定价部门	备注
5	交通运输	城市交通价格	城市公交、轨道交通、轮渡票价	授权市、县人民政府	城市公交含城际、城乡公交
			客运出租车运价、燃油附加费标准	授权市、县人民政府	网络预约出租车除外
		停车服务收费	具有自然垄断经营和公益性特征的机动车停放服务收费标准	授权市、县人民政府	包括政府财政性资金、城市建设投资（交通投资）公司投资建设的公共停车场，城市道路临时停车泊位，体育文化场馆、景区、医疗机构等配套停车场，交通场站停车场，对外开放的机关事业单位停车场，以及事故停车场（因查封、扣押发生的保管费用按国家有关规定执行）等。其中超限运输车辆货物装卸和卸至停车场的货物看管服务收费标准授权市人民政府制定

续表

序号	项目	定价内容	定价部门	备注
6	教育	公办全日制普通高等学历教育学费、住宿费、部分服务性收费标准	省价格主管部门会同省财政、教育主管部门	报省人民政府批准
		公办高中学费、公办中等及以下学历教育住宿费、部分服务性收费和代收费标准，非营利性民办中等及以下学历教育学费、住宿费标准	授权市、县人民政府	其中非营利性民办中等及以下学历教育学费、住宿费，授权市人民政府可根据本地公办教育保障程度、民办学校发展等情况开展市场化改革试点
		公办、非营利性民办幼儿园保育教育费、住宿费标准	授权市、县人民政府	
		列入中小学教材用书目录的教科书和列入评议公告目录的教辅材料印张单价和零售价格	省价格主管部门会同省新闻出版主管部门	
7	医疗服务	驻济省（部）属公立医疗机构、驻济军队医疗机构基本医疗服务价格	省医疗保障部门	
		辖区内省（部）属、市属、县属及基层公立医疗机构、军队医疗机构基本医疗服务价格	授权市人民政府	

续表

序号	项目	定价内容	定价部门	备注
8	保障性住房及物业服务	公共租赁住房租金标准	授权市、县人民政府	
		普通住宅前期物业服务收费标准	授权市、县人民政府	
9	环境保护	排污权使用费标准	省价格主管部门会同省财政、生态环境主管部门	
		医疗废弃物处理收费标准	授权市人民政府	
		生活垃圾处理收费标准	授权市、县人民政府	
		污水处理收费标准	授权市、县人民政府	
10	文化旅游	利用公共资源建设的景区门票及景区内游览场所门票、交通服务价格	授权市、县人民政府	泰山、三孔景区门票及其景区内索道价格由省价格主管部门制定
		居民有线数字电视基本收视维护费标准	授权市、县人民政府	
11	养老服务	政府运营的养老机构服务收费标准	授权市、县人民政府	
12	殡葬服务	殡葬服务机构提供的基本服务收费、公墓维护管理费标准及公益性公墓价格	授权市、县人民政府	基本服务收费定价范围为遗体接运（含抬尸、消毒）、存放（含冷藏）、火化、骨灰寄存

续表

序号	项目	定价内容	定价部门	备注
13	重要专业服务	垄断性交易平台服务收费标准	省价格主管部门	定价范围为企业国有资产交易、农村产权交易、船舶交易等服务收费标准，其中海洋产权交易服务收费标准授权市人民政府制定
		司法服务收费标准	省价格主管部门会同省司法行政主管部门	定价范围为司法鉴定、公证收费标准
		特种设备检验检测收费标准	省价格主管部门	
		高速公路清障救援服务收费标准	省价格主管部门会同省交通运输主管部门	

说明：1. 本定价目录不包含中央定价项目内容，在省内凡涉及中央定价（国家发改委和国务院有关部门）的定价项目、定价内容一律按中央定价目录执行。

2. 法律、行政法规明确规定实行政府定价、政府指导价的项目，自动进入本目录；法律、行政法规明确规定实行市场调节价的项目，自动退出本目录。根据价格领域简政放权、放管结合、优化服务等改革进展，定期修订本目录。

3. 列入本目录的定价内容，包括定价项目的具体价格、收费标准、基准价及浮动幅度以及相关的定价机制、办法、规则等。对涉及民生的价格和收费，充分考虑社会承受能力，进行合理监管，保障困难群众生活。

4. 本目录所称“市”指地级市，“县”指县、县级市。授权市、县人民政府制定在本地区执行的政府定价、政府指导价，由本级政府价格主管部门负责具体工作（医疗服务价格由本级政府医疗保障部门负责具体工作）。授权市辖区人民政府实施本定价目录内的部分定价权限，由省价格主管部门根据本定价目录另行下达。本定价目录中授权市、县人民政府的。其中：跨县和市属项目授权市人民政府；县属项目授权县人民政府。

5. 尚未通过市场交易形成价格、在省内消纳的水电、气电等非中央定价项目的电量上网电价由省价格主管部门制定，尚未通过市场交易形成价格的销售电价暂按现行办法管理，视电力市场化改革进程适时放开由市场形成。居民、农业等优先购电电量的销售电价，由国务院价格主管部门制定定价原则和总体水平，省价格主管部门制定具体价格水平。高可靠性供电费、系统备用费暂按现行办法管理，由省价格主管部门制定。

6. 成品油价格暂按现行办法管理。

7. 农机驾驶员培训收费暂实行政府指导价，由省价格主管部门制定，视改革进程适时放开。

8. 行政事业性收费项目和标准的审批为政府内部审批事项，继续按现行办法管理。

附录三：

关于明确《山东省定价目录》有关问题的通知

（鲁发改价格〔2021〕327 号）

新修订的《山东省定价目录》（鲁发改价格〔2020〕1361 号）已于 2021 年 2 月 1 日起施行。为保证目录的正确有效实施，现将有关问题明确如下：

一、关于市辖区人民政府的定价权限

市辖区人民政府的定价权限，参照《山东省定价目录》对县人民政府的有关规定执行；但适合在设区市规划区范围内统一执行的政府定价，由设区市人民政府统一制定。

二、关于部分定价项目的定价范围和权限

（一）省内渡口车辆过渡费标准。定价范围为省内黄河河系舟桥渡运费标准。

（二）农村道路客运价格标准。定价范围为市（县）区域内有一端在乡镇的客运票价。

（三）生活垃圾处理收费标准。定价范围为日常生活中或者为日常生活提供服务的活动中产生的固体废物，以及法律、行政法规规定视为生活垃圾的固体废弃物（不包含建筑垃圾、工业固体废物和危险废物）。

（四）特种设备检验检测收费标准。项目中的车载气瓶定期检验检测服务收费标准继续由市人民政府制定。

三、关于放开的商品和服务价格

此次《山东省定价目录》放开的商品和服务价格有：道路班

车（不含农村道路班车）客运票价率、燃油附加费标准、客运票价以及国防战备、抢险救灾、紧急运输等政府指令性道路客运价格，内河港口服务收费，户外广告资源有偿使用费，新装有线电视一次性建设费和补办数字电视机顶盒 IC 卡工本费以及律师服务、基层法律服务、普通道路车辆救援清障服务、汽车技术鉴定收费以及电动汽车充换电服务收费等。

附录四：

山东省发展和改革委员会关于公布《山东省定价成本监审目录》的通知

（鲁发改价格〔2021〕565 号）

省直有关部门，各市发展改革委，各县（市、区）发改局：

根据《政府制定价格成本监审办法》（国家发展改革委令第 8 号）、《山东省发展和改革委员会关于公布〈山东省定价目录〉的通知》（鲁发改价格〔2020〕1361 号）等有关规定，我委制定了《山东省定价成本监审目录》（以下简称《目录》）。现就有关事项通知如下：

一、列入本《目录》的定价项目，由定价机关按照规定的定价权限和程序，对相关单位组织开展定价成本监审。

二、列入本《目录》的定价项目，未经成本监审的，不得制定或调整价格（民办的中小学和幼儿园除外）。未列入本《目录》的定价项目，定价机关认为有必要的，可以开展成本监审。

三、本《目录》未列为定期成本监审的项目，定价机关认为有必要的，可以开展定期成本监审，但间隔期间不得少于一年。

四、本通知自 2021 年 7 月 15 日起施行，有效期至 2026 年 7 月 14 日。《山东省物价局关于公布〈山东省定价成本监审目录〉的通知》（鲁价综发〔2016〕68 号）同时废止。

附件：山东省定价成本监审目录

山东省发展和改革委员会

2021 年 7 月 13 日

附件：

山东省定价成本监审目录

<table>
<tr><th>序号</th><th>类别</th><th colspan="2">项目</th><th>监审机关</th><th>监审方式</th><th>备注</th></tr>
<tr><td>1</td><td>电力</td><td colspan="2">居民生活用电价格</td><td>省价格主管部门</td><td>定调价监审</td><td>受国家发改委委托</td></tr>
<tr><td rowspan="3">2</td><td rowspan="3">油气管道运输和燃气</td><td colspan="2">省内管道运输价格</td><td>省价格主管部门</td><td>定调价监审</td><td>企业内部自用部分除外</td></tr>
<tr><td colspan="2">进口液化天然气接收站气化服务价格</td><td>省价格主管部门</td><td>定调价监审</td><td></td></tr>
<tr><td colspan="2">城镇管道燃气销售价格和配气价格</td><td>授权市、县价格主管部门</td><td>定调价监审
定期监审（不超过3年）</td><td></td></tr>
<tr><td rowspan="5">3</td><td rowspan="5">供水</td><td rowspan="3">水利工程供水</td><td>省内跨市水利工程的供水价格</td><td>省价格主管部门</td><td>定调价监审</td><td rowspan="3">需双方自愿协商定价的除外</td></tr>
<tr><td>不跨市的省属水利工程、市辖区跨县和市属水利工程的供水价格</td><td>授权市价格主管部门</td><td>定调价监审</td></tr>
<tr><td>县属水利工程的供水价格</td><td>授权县价格主管部门</td><td>定调价监审</td></tr>
<tr><td colspan="2">辖区内城乡公共管网供应的自来水价格</td><td>授权市、县价格主管部门</td><td>定调价监审</td><td></td></tr>
<tr><td colspan="2">定期监审（不超过3年）</td><td>农村村民自建、自管的自来水价格除外</td><td></td><td></td></tr>
</table>

续表

序号	类别	项目	监审机关	监审方式	备注
4	供热	辖区内集中供热企业的供热价格	授权市、县价格主管部门	定调价监审 定期监审（不超过3年）	
5	交通运输	收费公路车辆通行费标准	省交通运输主管部门会同省价格主管部门	定调价监审 定期监审（5年）	
		城市道路桥梁和隧道通行费标准	授权市价格主管部门	定调价监审	
		城市公交、轨道交通	授权市、县价格主管部门	定调价监审 定期监审（不超过3年）	
6	教育	公办全日制普通高等学历教育学费、住宿费标准	省价格主管部门	定调价监审	
		公办高中学费，公办中等及以下学历教育住宿费，非营利性民办中等及以下学历教育学费、住宿费标准	授权市、县价格主管部门	定调价监审	非营利性民办中等及以下学历教育学费、住宿费标准可按有关规定开展成本调查

续表

序号	类别	项目	监审机关	监审方式	备注
6	教育	公办、非营利性民办幼儿园保育教育费、住宿费标准	授权市、县价格主管部门	定调价监审	非营利性民办幼儿园保育教育费、住宿费标准可按有关规定开展成本调查
		列入中小学教材用书目录的教科书和列入评议公告目录的教辅材料印张单价和零售价格	省价格主管部门	定调价监审	
7	环境保护	医疗废弃物处理收费标准	授权市价格主管部门	定调价监审	
		生活垃圾处理收费标准	授权市、县价格主管部门	定调价监审	
		污水处理收费标准	授权市、县价格主管部门	定调价监审	
8	文化旅游	利用公共资源建设的景区门票及景区内交通服务价格	授权市、县价格主管部门	定调价监审	泰山、三孔景区门票及景区内索道价格由省价格主管部门负责

附录五：

山东省发展和改革委员会
关于公布《山东省定价听证目录》的通知

（鲁发改价格〔2021〕355 号）

根据《中华人民共和国价格法》、国家发改委《政府制定价格听证办法》等规定，结合我省价格管理工作需要，我委重新制定了《山东省定价听证目录》，现予公布，并将有关事项通知如下：

一、列入本目录的商品和服务，其价格制定或者调整时，应当组织听证，未经听证的，定价无效。未列入本目录的商品和服务，其价格制定或者调整时，定价机关认为有必要的，可以实行听证。

二、本目录根据经济发展和市场变化适时调整。在本目录调整前，法律、法规、规章就定价听证事项作出新规定的，新规定事项自动进入目录。

三、本目录自 2021 年 6 月 1 日起施行。原山东省物价局《关于公布〈山东省定价听证目录〉的通知》（鲁价综发〔2016〕37 号）同时废止。

附件：《山东省定价听证目录》

山东省发展和改革委员会

2021 年 5 月 10 日

附件：

山东省定价听证目录

序号	听证项目	听证组织部门
1	居民生活用电价格	受国家发改委委托
2	居民生活用管道燃气配气价格和销售价格	市、县发展改革部门
3	城镇居民生活用水价格	市、县发展改革部门
4	城镇集中供热居民销售价格	市、县发展改革部门
5	城市公交、轨道交通票价	市、县发展改革部门
6	城市居民生活垃圾处理费	市、县发展改革部门
7	公办普通高中学费	市、县发展改革部门
8	公办全日制普通高等学校本专科学费整体方案	省发展改革部门
9	利用公共资源建设的景区门票价格	省、市、县发展改革部门
10	收费公路车辆通行费联动机制	省发展改革部门

说明：对听证项目的作价原则、作价办法、基本费率等已经组织听证的，在核定具体价格时，可以不再组织听证；对已经建立相关动态调整机制或者联动机制的，按照机制调整价格时，不再组织听证。